LE
VINCENNES

L'Asile impérial de Vincennes sera inauguré le 31 août 1857.

en se rendant sur la hauteur d'Octeville, d'où l'œil embrasse le magnifique panorama que présentent non-seulement la ville, avec ses fortifications, ses ports, sa rade, mais encore la baie, de la pointe vaporeuse d'Omonville aux falaises du cap Lévi et aux grèves sablonneuses de Barfleur, toute la côte enfin, avec l'immensité des flots pour lointains perdus. Le cortége royal rentra dans le port militaire, au milieu des flots respectueux et des acclamations sympathiques de la population.

De retour sur le *Victoria and Albert*, la reine y reçut la visite de MM. le sous-préfet de l'arrondissement et le maire de la ville de Cherbourg, dont elle accueillit les félicitations et les remercîments par les paroles les plus gracieuses.

Sa Majesté Britannique consacra une partie de l'après-midi à parcourir la rade et la digue; vers trois heures, le canot royal nagea de nouveau vers le port. Cette fois, l'excursion ne s'arrêta pas aux limites de la ville; la calèche où Sa Majesté monta avec le prince Albert et ses enfants s'élança, à grande vitesse, dans la campagne, se dirigeant vers une des ruines les plus curieuses de la Normandie, si célèbre par ses vieux monuments. Cette ruine est le donjon encore debout du château de Briquebec: un de ces nobles débris qu'adore l'archéologue, dont s'inspire l'artiste, et qui enthousiasment le poëte; chaque siècle y a d'abord apporté sa pierre, son ornement, puis y a fait son décombre; l'ogive s'y allonge au-dessus du plein cintre, le gothique s'y épanouit au-dessus du roman, quand ils ne sont pas confondus sous la ronce et l'ortie.

Le château de Briquebec est un de ceux où planent le plus de souvenirs, et, disons-le, ces souvenirs forment en quelque sorte un trait d'union entre la France et le Royaume-Uni. Nous ne voulons pas rappeler les tristes années où Henri V donna le château et le domaine de Briquebec à Guillaume de la Pole, comte de Suffolk, alors que le duc de Bourgogne et la reine Isabeau avaient livré la France septentrionale aux Anglais. Le blason étranger ne fut pas longtemps sur ses portes.

Nos souvenirs remontent plus haut: Briquebec est le fief que Rollon attribua à l'un de ses principaux guerriers et de ses plus proches parents: Aoslech. Or, comme Guillaume le Conquérant descend de Rollon, et que la reine Victoria prétend descendre de Guillaume, — au 27e degré, prétend même certain nouvelliste plus spirituel chroniqueur, il est vrai, qu'antiquaire savant, — il arrivait que Sa Majesté Britannique, princesse normande d'origine, visitait en quelque sorte un domaine de famille en parcourant ces débris. Elle était de retour à neuf heures du soir de ce pèlerinage artistique, où l'avait accompagnée le consul britannique, M. Hamond.

Le lendemain 19, l'escadrille reprit la mer, se dirigeant vers le petit archipel normand, vertes émeraudes du cercle ducal que la victoire d'Hastings convertit en couronne royale. Quelques heures après, elle sillonnait les eaux de Guernesey.

FULGENCE GIRARD.

convalescents.

Cet asile est situé à côté de la maison de santé de Charenton, sur la lisière du bois de Vincennes, auquel il a pris 14 hectares. L'édifice, formé de plusieurs corps de logis se rattachant à un pavillon central, est à la fois imposant et pittoresque. La brique, employée dans cette construction, comme dans celles du temps de Louis XIII, lui donne un aspect riant. Le pavillon du milieu, avec le dôme qui le surmonte, ne manque pas de majesté. Une grande cour entourée de jardins précède l'édifice. Des galeries vitrées ou soutenues par des arcades non fermées circulent autour des bâtiments et constituent des promenoirs couverts d'une grande étendue. Pour donner une idée de l'importance de cet asile, nous dirons que les constructions ont coûté environ 2,600,000 francs.

Cet établissement est destiné aux ouvriers qui sortent des hospices après guérison, mais dont la santé exige encore des ménagements avant qu'ils puissent reprendre leurs travaux. L'asile de Vincennes, avec son régime réparateur, avec ses jardins et ses vastes galeries où l'on respire un air pur et vivifiant, les mettra à même de recouvrer promptement leurs forces diminuées par la maladie. Tout, du moins, y a été disposé en vue de ce résultat.

Les dépenses de l'asile seront supportées en grande partie par l'État et par la ville de Paris, qui s'occupe de lui former une dotation. Les chemins de fer et les sociétés de secours mutuels pourront y placer leurs blessés ou leurs malades, moyennant le remboursement de tout ou partie du prix de journée. Une retenue de un pour cent opérée sur les marchés publics au profit de cette institution, des legs et d'autres libéralités augmenteront encore ses ressources.

L'établissement pourra contenir à la fois cinq cents pensionnaires; on estime que le roulement annuel sera de six mille individus, séjournant en moyenne de vingt jours à un mois dans l'asile. La maison est distribuée en chambrées où il n'y aura pas plus de trois lits. Nous avons vu quelques-unes de ces pièces, qui sont déjà garnies de leur mobilier. Les lits sont en fer et peints à l'huile. Ils sont pourvus d'un sommier élastique dont les ressorts ont été laissés à jour dans un but de propreté. Un bon matelas, des couvertures de laine ou de coton, suivant les saisons, un traversin et un oreiller en plume complètent ce coucher, qui sera confortable et sain. A côté de chaque lit il y a un large fauteuil [illegible]. Les hôtes de ces chambres auront, en outre, à leur disposition un meuble en chêne poli pour serrer leurs vêtements. Ils porteront d'ailleurs l'habillement que leur donnera la maison, c'est-à-dire une vareuse en drap ou une blouse, suivant les circonstances. On se lavera en commun et par sections dans une pièce où sont disposées des cuvettes qui renouvellent leur eau simultanément. Les repas, sauf les cas d'indisposition, seront pris également en commun, dans un élégant réfectoire soutenu par de sveltes colonnes en fer et qui occupe le rez-de-chaussée du pavillon central. Une petite chapelle divise en deux parts égales ce réfectoire, d'où l'on pourra assister aux offices divins. Au-dessus de ce réfectoire règne une haute et belle galerie qui servira de promenoir pendant la mauvaise saison. Elle aboutit à la bibliothèque, pièce élégante où l'on remarque des colonnes de pierre à chapiteaux corinthiens et qui sera pourvue de livres à l'usage des convalescents. Ceux d'entre eux à qui leurs forces permettront de se livrer à une occupation manuelle trouveront dans l'établissement des ateliers munis d'outils, d'instruments de précision et de matières premières. Avec un travail mo-

[...]équ[...] leur sortie. Le jardinage occupera aussi un grand nom[...] de bras.

L'établissement est chauffé par un calorifère. Il pos[...] une belle cuisine avec un énorme fourneau en font[...] en maçonnerie, où seront placées des marmites en cu[...] d'une dimension respectable. L'eau est amenée par [...] machine à vapeur, et les services économiques sont [...]tièrement séparés du reste de l'établissement.

Telle est, jusqu'à présent, l'organisation de l'asile; [...] doute elle n'est pas définitive; mais on peut s'en repo[...] pour les améliorations et les perfectionnements, sur [...] habile directeur, M. Jules Varnier. D'ailleurs, S. Exc. [...] ministre de l'intérieur s'occupe, avec une sollicitude p[...]ticulière, de cet établissement, appelé à réaliser une [...] pensées prévoyantes de l'empereur pour le bien-êtr[...] la classe ouvrière. L'inauguration en aura lieu l[...] 31 août.

JULES DE LAMARQUE.

Courses de Dieppe.

Les courses de Dieppe ont eu un éclat tout excepti[...]nel: si le nombre et le luxe des équipages, l'éléga[...] des toilettes, la grâce et la beauté des dames, la célèb[...] en tout genre d'un grand nombre de spectateurs, la [...]putation de quelques-uns des chevaux engagés, l'ani[...]tion de la foule enfin, constituaient seuls la beauté [...] courses, on pourrait placer ce derby au niveau des p[...] célèbres.

Le grand steeple-chase était la joute capitale. C'é[...] un handicap de 7,000 fr. ajoutés à 200 fr. d'entrée, s[...] une réserve de 1,000 fr. en deux primes au second et [...] troisième vainqueur. Distance: 4,500 mètres en d[...] tours d'hippodrome.

Treize chevaux étaient inscrits, mais en présence [...] deux favoris du sport, dans ces courses spéciales: *Fra[...] Picard* et *Casse-Cou*, la plupart se sont abstenus. *L[...] Arthur*, des écuries de M. le vicomte de Lauristo[...] *the Painter*, appartenant à M. Talbot, et *Théodine* [...] M. Land, se sont seuls présentés au piquet pour lut[...] avec les deux héros des courses de haies.

M. Charles Laffitte, commissaire des courses, a don[...] le départ, qui s'est opéré avec une rare franchise; [...] course s'est dessinée avec autant de distinction que d'[...]semble; la rivière a été franchie avec un accord parf[...] Ce n'est qu'après cet obstacle que *Casse-Cou* a pris le [...]vant sur *Lady Arthur*, dépassant elle-même *Franc-Picard*... *Franc-Picard* va-t-il succomber sous la surcharge [...] dix-sept livres que lui imposent ses précédents succ[...] on le redoute... Mais patience... ceux qui le connaiss[...] ne désespèrent pas; *Franc-Picard* a du fonds... il p[...] reconquérir l'espace qu'il perd... Et voyez-le, dès le co[...]mencement du second tour, comme il s'anime. *La[...] Arthur* perd du terrain... elle est devancée... bravo[...] C'est *Casse-Cou* que maintenant il gagne... il le rattrap[...] bravo! bravo!... il le dépasse..... il arrive; hour[...] *Franc-Picard* est vainqueur...

Toutes les émotions avaient été épuisées par cette b[...] course. Son intérêt a fait pâlir considérablement celui [...] la seconde: *Selling-Race*. Prix de la compagnie des c[...]mins de fer de l'Ouest: 2,400 fr.; entrée, 150 fr.; 40[...] attribués au second. Distance: 3,000 mètres. Dix chev[...] étaient engagés, cinq seulement sont partis. Les v[...]queurs ont été *Pénélope*, à M. Land, et *Railway* [...] M. Moyse.

Le retour à Dieppe n'a été qu'un tourbillon de poussi[...] de bruit et de gaieté.

B.

---

fiévreuses les faisaient sourire méchamment, et les commentaires secrets de M. de Bruval contribuaient encore à les éloigner de moi. J'ai bien souffert, je vous le répète. Mais je sens bien que Dieu, en ne me retirant pas de ce monde, m'y laisse pour des douleurs plus fortes encore, et sans refuser le châtiment, je m'adresse à vous comme à un confesseur nécessaire, pour vous supplier de m'éclairer, et de m'aider un peu à soulever ma croix.

— Madame..., balbutia poliment M. Emmerie, qui eût préféré en ce moment une séance académique à cette entrevue émouvante, croyez que je ferai mon possible...

— Permettez-moi, monsieur, de vous dire, sans que je songe à vous offenser, que c'est moins à d'anciens souvenirs bien effacés qu'à votre haute raison que j'en appelle. Vous seriez étranger au mystère dont je souffre depuis si longtemps, que j'aurais encore été sans doute vous demander un conseil. Vous connaissez le cœur humain mieux qu'une pauvre femme qui a vécu loin du monde, mieux qu'un prêtre qui vit déjà à moitié dans le ciel. Vous êtes, par vos études, par vos œuvres glorieuses, un médecin de l'esprit. Eh bien! jamais étude ne s'offrit avec plus de séductions. Voilà un drame dont j'attends de vous le dénoûment.

M. Emmerie regarda en face Mme de Bruvol pour s'assurer que celle-ci ne raillait pas en parlant ainsi. L'argument tiré de sa position littéraire semblait une ironie à ce père égoïste; mais Antonine ne songeait pas à railler. La pauvre femme épuisait tous les moyens, elle se disait que cet auditeur impassible n'accéderait pas à des raisons de sentiments, et qu'il fallait appuyer sur sa vanité. Les plus adroits et les plus fatigués de louanges se laissent toujours persuader par la flatterie; celle-ci est la plus banale et la plus puissante des forces d'ici-bas.

M. Emmerie n'en était plus à suffoquer pour un compliment. Et pourtant, si naïve ou plutôt si peu naïve que fût cette louange, il se sentit flatté de la nécessité qui contraignait Mme de Bruval à la lui adresser. Le père était resté froid et ennuyé devant ses confidences maternelles; le faux homme de génie s'épanouit en respirant ce grain d'encens.

On n'essayait plus de l'amoindrir par quelques complicités sentimentales et niaises; on s'en rapportait à lui, comme à un oracle infaillible dans les questions morales et dans les problèmes du cœur humain. Sincère ou non, cette déférence attestait pour lui sa force.

Il apporta donc désormais une certaine attention au récit d'Antonine et il commença à s'y intéresser comme à un sujet d'études psychologiques.

VI

« M. de Bruval, continua la baronne, me tint enfermée jusqu'à une époque qui rendit sans danger pour son honneur l'annonce de ma délivrance. Les deux enfants étaient mis en nourrice; jusqu'à douze ans, ils furent élevés à la campagne. M. de Bruval s'en occupait peu. A douze ans, un précepteur de son choix, un prêtre dont la piété n'éclairait pas l'esprit, et qui inculquait à Simon les principes d'une étrange dévotion, fut introduit dans la maison. J'ai toujours pensé que cet homme savait, au moins, une partie de mon secret, et que M. de Bruval l'avait associé, dans l'intérêt de la morale sans doute, aux cruautés dont les enfants étaient chaque jour les instruments.

« Simon est une nature étrange, profonde. Il y a dans ce jeune homme une ambition effrénée, mais sans audace. Est-il sincère dans sa dévotion? je le crois; mais il semble puiser dans ses prières des haines mystérieuses, et non pas de l'amour. Il me glace, il me fait peur. Je n'ose vous dire jusqu'à quel point je le redoute. Il a des façons de me regarder qui me reprochent si impitoyablement ma maternité douteuse, que je suis tentée de lui demander pardon.

« Oh! ce n'est pas là mon fils, n'est-ce pas, monsieur? ce ne peut pas être le vôtre? Vous le verrez, vous l'étudierez; certes, il a une aptitude singulière pour apprendre; mais les livres creusent en lui un abîme. Je ne sais quel est son but. J'ai pensé que les ordres pouvaient le tenter; mais il a refusé avec opiniâtreté d'entrer au [...]minaire: il attend! dit-il. Qu'attend-il? La lecture [...] testament qui doit résoudre la douloureuse énigme [...] sa naissance. Mais que veut-il faire à ce moment? [...] ce que j'ignore et ce que je n'ose même pas cherc[...] tant j'ai d'épouvante quand je m'efforce de regarder d[...] cette âme ténébreuse. »

M. Emmerie parut étonné du portrait que faisait Mme [...] Bruval avec un tremblement dans la voix. Ce je[...] homme mystique et sombre ne lui déplaisait pas tr[...] il y avait quelque attrait philosophique à l'étudier, q[...] que utilité pratique peut-être à le diriger. On comm[...]çait à parler beaucoup, en 1821, des progrès de la c[...]grégation.

M. Emmerie était trop ambitieux pour ne pas [...] alors fort dévot. Il soupçonna dans Simon une hypo[...]sie adroite, et ne fut pas éloigné de se flatter intérieu[...]ment d'être le père d'un jeune homme qui promettait t[...]

— Quant à Simone, poursuivit Mme de Bruval, qui [...] se doutait guère des réflexions de son auditeur, elle [...] bien véritablement étrangère à Simon! C'est une [...] hardie que le plaisir enivrerait, que l'orgueil pousser[...] toutes les folies. M. de Bruval, en racontant toujours [...]vant elle les fêtes de l'Empire, des histoires scandale[...] de grandes dames, s'est plu à éveiller des appétits [...] s'affranchiront bientôt de ma chétive autorité. Simone [...] pas le cœur mauvais, mais elle n'a pas le temps d'éc[...]ter le sien; je l'ennuie; elle déteste son prétendu fr[...] La voix du sang, qui ne sait pas m'avertir, les prév[...] secrètement. J'ai toujours peur que cette enfant n'aj[...] une honte à celle qui m'accable déjà. Elle aussi doute [...] mes droits sur elle, mais elle ne me torture pas com[...] Simon. Elle vaut mieux que lui. Ces deux pauvres [...]fants, gâtés par M. de Bruval, qui les a laissés à mes c[...] comme des gardiens de sa vengeance, mal élevés [...] moi qui n'osais ni les aimer ni les réprimander, sont [...] une pente fatale. Je vous demande, monsieur, d'essa[...] de votre expérience pour les retenir; un de ces d[...]

Point de l'Ile Saint Maurice.
Entrée du canal Saint-Maur.

Le pont de Charenton.
Port de Creteil.

Pont de Joinville
Barrage de Creteil.

compte fait, Doucinot est amoureux, mais amoureux à en maigrir. La belle a nom Alphonsine, et prétend loger rue de la Pépinière, 36; c'est là que Doucinot, tout transi, vient l'attendre au sortir du bal. Mais (ô ruse de femme!) le n° 36 est une maison en construction. Doucinot, mystifié, ne se tient pas pour battu, il s'insurge et veut grimper aux échafaudages; par malheur, l'invalide, gardien de la bâtisse, lui barre le passage, et complique la situation de grands coups de plat de sabre. Ce n'est pas tout: la perfide Alphonsine a donné le même rendez-vous au sieur Bellavoir, un bonnetier guilleret, qui, lui aussi, au bal de M. Cherbichon, faisait le joli cœur sous un déguisement de muscadin. Alors le conflit qui s'engage devient des plus hilarants: les coups de pied, les croc-en-jambe, ces vieilles et éternelles joies de la comédie burlesque, commencent à dominer le dialogue; la pièce devient une bousculade, et, en somme, le cœur d'Alphonsine valait-il tout ce tapage? Je ne sais; mais ayez pour agréable de regarder par le trou de la serrure du n° 34 (c'est là que demeure la belle); — vous frémissez d'horreur!... elle les trompait tous deux!

Cette saynette qui n'a d'autre prétention que de faire naître le gros rire aurait mieux figuré dans le répertoire primitif des Bouffes; elle est empreinte de cette belle humeur, elle a cette désinvolture hardie et tant soit peu folle qui firent jadis à ce théâtre le succès de certaines farces au gros sel que l'on n'a point encore oubliées, malgré les fastueuses représentations d'*Orphée* et des *Dames de la Halle*. Léonce, l'acteur auteur, se met en grands frais de gaieté et de verve bouffonne pour jouer son personnage de Doucinot qu'il a doublement créé.

M. Caspers, qui a musiqué tout ceci, n'a peut-être pas assez traité sa partition en pochade; ses mélodies ne manquent pas d'entrain, mais elles n'atteignent nullement au suprême comique; ses morceaux sont coupés et agencés avec trop d'ordre et de régularité pour s'adapter parfaitement à ce livret extra-fantaisiste. En un mot, M. Caspers, qui semble avoir fait de solides études, devra s'attaquer à un genre moins excentrique s'il veut voir tourner en éloge le reproche que nous lui faisons aujourd'hui, et je ne veux, pour preuve de ses tendances au sérieux, que la phrase pathétique intercalée par M. Caspers dans le trio de son ouvrage. Nous avons remarqué aussi les *couplets de la peur* que chante Léonce accompagné en *pizzicati* par l'orchestre, et l'air d'entrée de M. Desmonts.

— La pièce de M. de Rovigo que l'on donnait le même soir est plutôt sentimentale que gaie; il s'y mêle aussi quelques scènes d'un fantastique ingénieux, et nous aurions aimé la voir représentée ailleurs qu'aux Bouffes, au Gymnase par exemple. — La scène se passe en Angleterre. Le docteur Richard dispute la main de mistress Sarah à un boxeur, dont les coups de poing sont célèbres sur le turf de Londres. Que pourra un pauvre petit Esculape anglais, tout au plus armé d'une lancette, contre cet hercule rageur? Il s'enivre avec force verres de gin, et pendant son sommeil plein d'hallucinations il voit le portrait de son oncle descendre du cadre où il est accroché, pour venir s'asseoir dans un fauteuil où le bonhomme, de son vivant, aimait à sermonner son neveu. Mais, ô prodige! le voilà qui parle! « Tu aimes mistress Sarah et tu veux l'épouser? — Oui, mon oncle. — Eh bien! quand tu seras réveillé, fouilles dans la poche de ton paletot, tu y trouveras de quoi confondre ton rival... » Puis l'ombre de redevenir portrait en allant se replacer dans son cadre doré. Richard s'empresse de se fouiller de la tête aux pieds et trouve en effet une lettre qui prouve clairement que le boxeur est marié et père de neuf enfants (!) Mais comment ce document précieux se trouve-t-il dans une des poches de son paletot?... C'est qu'il avait pris par erreur celui de son rival.

La partition de Mlle Collinet présente cette particularité qu'elle commence par un très-joli morceau, que celui qui vient ensuite est moins bien inspiré, que le troisième est inférieur au second et ainsi de suite jusqu'à la fin. Celui que nous avons le plus goûté, c'est le duo du commencement, plein de fraîcheur et d'entrain; la chanson du boxeur est un bon pastiche de la musique anglaise; on ne peut pas non plus refuser un certain mérite de facture à la romance de Mlle Chabert, bien supérieure aux couplets du docteur et surtout à la scène fantastique qui nous a semblé parfaitement froide et incolore.

Si nous sommes bien informé, Mlle Collinet serait la fille du virtuose qui enchanta toute la génération passée avec son merveilleux flageolet.

ALBERT DE LASALLE.

CAUSERIE DE LA MODE.

Notre dernière Causerie était datée de Biarritz, mais la prolongation d'un été exceptionnel qui a changé la fraîcheur ordinaire des premières journées de septembre en brûlantes journées d'août nous a fait fuir, il y a deux semaines, l'atmosphère de feu du golfe de Gascogne, pour l'atmosphère plus tempérée de la plage du Havre; et avec cette rapidité magique de la vapeur qui réalise aussitôt le désir, nous nous sommes baignée à vingt-quatre heures de distance dans les flots bleus de la côte des Basques et dans les vagues vertes de Sainte-Adresse.

Un autre attrait que celui de la température nous attirait au Havre. D'aimables amis nous y attendaient et nous conviaient à une fête féerique qui devait être donnée à Frascati, ce beau centre de réunion de la société havraise et étrangère. On sait que le *Casino* de Frascati déroule ses constructions légères et élégantes à côté du port, sur une plage voisine de la route de Sainte-Adresse.

Le roi Jérôme qui affectionne le Havre et se plaît à y passer une partie de la saison d'été habite ordinairement un des pavillons réservés de Frascati.

Non loin, la reine Christine d'Espagne, éprise de la beauté de ce rivage, a fait bâtir un chalet sur le bord de la mer. En se rendant à Sainte-Adresse, on l'aperçoit perché sur une haute falaise. Des galeries extérieures qui entourent ce chalet on voit défiler les vaisseaux qui entrent au port ou ceux qui s'en éloignent. On est là dans une solitude complète et qui sied à une reine après les agitations du pouvoir.

Nous avons reçu au Havre la plus aimable hospitalité, tour à tour chez la gracieuse Mme Ernest Lefèvre, nièce de M. Auguste Vacquerie, le poëte récemment applaudi au *Théâtre-Français*, et chez Mme Lecadre.

C'est en compagnie de ces femmes charmantes que nous avons assisté à la grande fête que tous les jeunes gens de la haute société du Havre viennent de donner dans le *Casino* des bains Frascati. Dès neuf heures, une file de voitures glissant dans les allées sablées du jardin amenaient la foule des invités dans les élégants salons de Frascati, décorés ce soir-là avec un goût exquis. Bientôt un orchestre excellent a donné le signal du bal. Les airs les plus expressifs et les plus nouveaux, auxquels se mêlait le grand murmure de la mer, ont convié à la danse la jeunesse parée qui se pressait dans le beau salon ovale où les fleurs, le rayonnement des lustres et les tentures luttaient d'éclat avec les toilettes des femmes. C'est de Paris que les belles Havraises avaient fait venir leurs fraîches toilettes. Les grands magasins du *Louvre* avaient expédié leurs nouveautés les plus exquises; c'étaient pour les jeunes filles des robes de tulle diaphanes, d'autres en crêpe, d'autres en gaze de Chine, un grand nombre en tarlatane du plus joli effet aérien. Pour jeunes femmes c'étaient des robes plus riches; les unes tout en dentelle blanche, d'autres tout en dentelle noire de Chantilly, d'autres où le taffetas en nuances claires se mêlait aux dentelles. Quelques femmes arrivaient dans les salons avec de splendides mantelets en points d'Angleterre ou d'Alençon, doublés de satin blanc, rose ou bleu de Chine; le plus grand nombre des danseuses déposaient, en entrant, au vestiaire, leurs ravissantes sorties de bal ou leurs burnous.

Ces étoffes légères et chatoyantes, ces riches dentelles et ces sorties de bal inimitables venaient toutes des magasins du *Louvre*, qui sont devenus à bon droit le bazar de l'élégance européenne. Parmi les burnous on en remarquait quelques-uns très-rares tissés en Orient et que nous avions choisis nous-même à Biarritz, chez M. Petit, pour les offrir à nos amis du Havre.

Il fut un temps, qui n'est pas encore bien éloigné, où les provinciales ne passaient pas précisément pour des modèles d'élégance, mais j'aurais bien défié, ce soir-là, le plus habile observateur de reconnaître les jolies Havraises qui luttaient de toilettes avec les Parisiennes, car les fleurs qui garnissaient leurs corsages venaient de chez Mme Tilman, la célèbre faiseuse; les rubans, si importants aujourd'hui, sortaient des magasins de *la Ville de Lyon*, et on reconnaissait jusque dans les coquets mouchoirs que les danseuses tenaient à la main les produits de la maison de la *Sublime-Porte*.

Le couronnement et pour ainsi dire le point lumineux d'une toilette féminine, c'est la coiffure. Mlle Pitrat sent l'importance et l'effet décisif d'une guirlande, d'une traînée flexible ou d'une couronne de fleurs. Elle possède un art inouï pour agencer les pétales et les feuillages qui s'échappent de sa main en groupes saisissants, luttant d'éclat avec la nature. Rien de frais et de ravissant comme les diverses coiffures que Mlle Pitrat avait envoyées au Havre pour cette fête à Frascati. Décrivons-en quelques-unes: Mme Ernest Lefèvre portait sur ses beaux cheveux d'un noir de jais des groupes de cactus rouges, clos vers la nuque par une étoile de diamants. La robe à trois jupes était en tulle blanc avec des tiges de cactus sur les côtés. Rien de frais et de jeune comme la toilette identique que portaient Mlles Marguerite et Gabrielle Lecadre, les filles de la gracieuse femme qui nous donnait l'hospitalité. Mlle Marguerite, brune et piquante comme un portrait au pastel de Mme du Châtelet, était en rose; sa robe en tarlatane très-bouffante ressemblait à un de ces nuages légèrement empourprés qui flottent le soir à l'Occident. Onze petits volants gonflaient sa jupe; trois bouquets de roses de la reine riaient au creux du corsage et sur les manches courtes. La couronne inimitable de grâce était des mêmes fleurs. Sa sœur, la blonde Gabrielle, avait une robe tout à fait semblable, mais bleue au lieu d'être rose. Des bluets d'une teinte pâle composaient la coiffure et les agrafes du corsage. Une autre jeune fille très-remarquée, Mlle Marie d'Houdetot, portait une toilette qui s'harmoniait à ravir avec sa fraîche beauté. Sa robe était en tulle vert azoff, et sur la jupe bouillonnée s'étageaient sur les côtés de légères traînées de clématite. La couronne se composait des mêmes fleurs. Mlle d'Houdetot, fille de M. d'Houdetot dont les ouvrages sur la chasse ont fait le tour du monde, car il n'est pas un chasseur, même des pays les plus lointains, qui ne veuille posséder ces livres attrayants et instructifs, Mlle d'Houdetot a de qui tenir comme grâce et comme beauté.

Parmi les hommes les plus remarqués à cette fête, citons M. Ernest Lefèvre, appelé à devenir une des gloires du barreau de Paris, M. d'Houdetot, frère de la jeune fille dont nous venons de parler, et M. Crémieux fils dont l'esprit petillant charme les salons du Havre. A la mise distinguée de ces messieurs et dans un *je ne sais quoi* que trahissait la coupe parfaite de l'habit et du gilet on devinait la main d'Humann. Le célèbre tailleur parisien est le fournisseur de tous les hommes qui donnent le ton au Havre, comme il est celui de toutes les aristocraties de l'Europe.

Le bal a été très-animé. La nuit superbe permettait de circuler sur les terrasses et jusqu'au haut du belvédère de Frascati. La mer calme et le ciel étoilé formaient une splendide décoration à cette fête dont nous garderons un long souvenir. N'oublions pas qu'un souper splendide, servi à une heure du matin, a permis aux intrépides danseurs de faire une halte. Ainsi le bal de plus en plus vif et joyeux a pu se prolonger jusqu'au jour, et le dernier quadrille a été éclairé par les lueurs souriantes de l'aube qui rougissait faiblement le vaste Océan.

YOLANDE.

RÉBUS.

EXPLICATION DU DERNIER RÉBUS:

Vieuxtemps sur le violon et Litz sur le piano sont sans égaux.

CHEMIN DE FER DE VINCENNES
BASTILLE
VIADUC DE PARIS
Station DE VINCENNES
Tunnel DE VINCENNES
VIADUC St. MAUR
LA VARENNE
JOINVILLE

pour remonter le Great-Fish-River. Comment cette entreprise a-t-elle échoué? C'est le secret des glaces. Dans le bateau étaient de nombreux vêtements, des provisions, des agrès et deux squelettes encore sur leur banc, dans la position où ils étaient lors de la mort: leurs avirons sur les palets, les fusils armés et chargés à leurs côtés; voilà onze ans que ce funèbre bateau attend ainsi les explorateurs.

On dirait que les tempêtes ont respecté ces reliques tant cherchées par la piété d'une femme et le courage d'une nation. Ce fut la dernière découverte de l'expédition. Les autres hommes ont dû tomber ainsi les uns après les autres; mais la neige leur a fait un linceul impénétrable. Rien ne se trouva plus. Les provisions s'épuisaient, mais la santé des équipages déclinait surtout. Deux hommes étaient déjà morts, il fallait revenir; l'œuvre du reste était accomplie. Le *Fox* mit à la voile pour l'Angleterre.

Il y est entré depuis quelques jours à peine, et l'admiration de ses concitoyens l'a accueilli. Mais tous ces hommes y semblent encore insensibles; c'est qu'ils attendent celle à qui ils doivent rendre compte de leur triste et courageuse mission. Lady Franklin est dans le midi de la France. Une lettre l'a prévenue, et on l'attend de jour en jour. C'est seulement quand elle mettra le pied à bord, que le *Fox* lèvera son pavillon. Hélas! il n'a pu lui rapporter la bonne nouvelle, mais il lui apporte du moins la suprême consolation de savoir que son mari n'a point succombé à l'abandon, et que sa mort a été douce.

L'opinion publique en Angleterre prend, du reste, une initiative louable en faveur de cette veuve, qui s'est ruinée dans cette dernière expédition. Le sentiment national demande au gouvernement de prendre à sa charge la dépense, qui ne se monte pas à moins de 10,000 livres sterling (250,000 francs).

Recevez, monsieur le directeur, l'assurance de mon entier dévouement, AYLIC LANGLÉ.

École impériale des Beaux-Arts.

CONCOURS DE PEINTURE.

L'Académie en a fini cette année avec les épreuves qu'elle impose à ses élèves. C'est le concours de peinture qui a occupé, pendant la dernière semaine, l'attention du public. L'exposition était importante; dix tableaux étaient rangés dans la grande salle et le sujet proposé offrait assez d'intérêt. Il rappelait l'une des anecdotes les plus dramatiques de la vie de Martius Coriolan, son arrivée chez Tullus, roi des Volsques, quand il crut avoir à se plaindre de l'injustice et de l'ingratitude des Romains.

Les dix concurrents étaient: MM. Jules Lefebvre, Alexandre Brossard, Pierre Dupuis, Tony Robert-Fleury, fils de l'académicien, élèves de M. Léon Cogniet;

MM. Benjamin Ulmann, Ernest Michel, Louis Leroux, Berne-Bellecour, élèves de M. Picot;

M. Adolphe Levasseur, élève de M. Robert-Fleury; M. Lix, élève de M. Biennoury.

Dès le premier jour, ces dix tableaux avaient été classés par la foule avec une netteté de jugement qui faisait pressentir le résultat de la lutte. Cinq ou six avaient été repoussés comme vulgaires et d'une exécution souvent médiocre. L'attention s'était portée sur trois ou quatre qui se faisaient remarquer par des qualités sérieuses et véritablement recommandables.

C'est parmi les auteurs de ces tableaux que l'Académie a été chercher les vainqueurs de cette année. Elle a donné le *grand prix* à M. Benjamin Ulmann, né le 24 mai 1829, à Blotzheim (Haut-Rhin), qui avait déjà obtenu un deuxième prix en 1858; un *deuxième prix*, à M. Jules-Joseph Lefebvre, né le 14 mars 1834, à Tournan (Seine-et-Marne), qui avait obtenu une mention honorable en 1858; enfin, une mention honorable à M. Frédéric-Théodore Lix, né le 18 décembre 1830, à Strasbourg (Bas-Rhin).

Les ouvrages des lauréats de cette année, ainsi que ceux des élèves de l'Académie de France à Rome, sont actuellement exposés dans les galeries de l'école.

CH. D'ARGÉ.

Misère et Résignation,

Tableau de M. Ronpin.

Nous donnons dans ce numéro la reproduction du tableau de M. Ronpin qui se trouve dans la galerie du Palais de cristal à Sydenham. Cette composition remarquable et émouvante représente un intérieur de paysans bretons après une mauvaise récolte. La misère la plus profonde a envahi la maison, les dernières ressources ont été épuisées, le chat maigre miaule la faim: seule, l'estampe religieuse appendue au mur indique que la foi religieuse soutient encore cette vaillante race dans l'adversité la plus cruelle.

A. V.

Le temps de l'exposition. — Les artistes après la fermeture du Salon. — Le service que veut leur rendre le *Monde illustré*. — Nos visites aux ateliers. — Les paysagistes absents. — L'œuvre dans l'atelier n'appartient pas à la critique. — Pendant les vacances. — Sur MM. Ch. Müller, Robert-Fleury, Adolphe Brune, Huet. — Le statuaire aveugle. — Mort de M. Dufourmantelle. — Travaux de M. T. Couture. — M. Gigoux. — Les peintures murales de MM. E. Lafon, Jobbé-Duval. — Panneaux de M. Jules André.

Peintres, sculpteurs, graveurs, lithographes; tous ces hommes habiles à donner des formes à leurs pensées qui sont romanciers, historiens, traducteurs, poëtes même, par la couleur, le marbre, le burin ou le crayon, ont leur règne périodique et passager; leurs beaux jours de fêtes, c'est au temps de l'exposition des beaux-arts. Alors la grande et la petite presse détrônent le feuilleton, ajournent la nouvelle; la critique prend ses airs cavaliers, et, quelquefois pédante, elle laisse voir un bout de férule. Il pousse au cerveau des plus minces écrivains l'orgueilleuse conviction que, nés connaisseurs et d'un goût parfait, ils peuvent, à leur fantaisie, distribuer le blâme et l'éloge: tous aspirent à le prouver.

Curieux, visiteurs, critiques, voient vite, souvent ils dédaignent l'œuvre consciencieuse et de solides mérites pour les brillants de l'à peu près; la mode se glisse au milieu d'eux et prend quelques tableaux, quelques statues sous sa fugitive protection.

Le salon fermé, les récompenses données, le grand journal ne dit plus rien de ce qui se passe et se produit dans le monde créateur des artistes; la critique bavarde se tait; ainsi les réputations naissantes et les œuvres qui promettaient sont vite oubliées; et voilà, entre deux expositions, douze à vingt-quatre mois de silence! L'atelier a vu tristement rentrer plus d'une page louée et de valeur; souvent elle s'efface sous une composition nouvelle, parce qu'il faut, à son auteur appauvri, une toile pour travailler encore. Nous avons vu de ces cruels sacrifices; la main du peintre tremblait et ses yeux avaient des larmes. Ces cruelles misères de l'art ne sont pas assez rares; nous taisons les noms de quelques jeunes gens et hommes de volonté et de talent qu'elles touchent.

La direction du *Monde illustré* veut tenter de rendre un sérieux service aux artistes et à leurs œuvres; elle veut ouvrir ses colonnes à une chronique des beaux-arts; elle reproduira les dessins sur bois des œuvres inédites qu'elle croira dignes de l'attention de son nombreux public. Nous sommes choisi pour aider, de notre plume, cette tâche honorable et délicate.

Nous savons, nous, que les nouvelles que nous donnons et promettons sont et seront prises dans les ateliers et au chevalet des artistes; qu'ils ne s'effraient pas; c'est conscience de nous taire sur ce qu'ils veulent secret. Si l'œuvre exposée au palais de l'Industrie appartient au jugement, et même aux écarts de la critique, l'œuvre qui nous est montrée chez son auteur vert de l'indulgence pour ses défauts et même des bornes à la louange.

Si nous ne devions parler aujourd'hui que des paysagistes, ce serait bientôt fait: ils sont tous à la campagne. M. C. Corot est en Suisse: il y aura plaisir, à son retour, de voir dans l'intimité de l'atelier ses savantes et poétiques études. M. Daubigny, si justement décoré, met l'automne à profit pour ses travaux de l'hiver.

Messieurs les peintres de paysages n'aiment pas la nature dans sa jeunesse de mai; ils la recherchent un peu sur son déclin; ils lui veulent des verts qui se bronzent, des feuilles qui jaunissent et se dorent, une lumière oblique et tiède qui dessine largement ses contours; ils recherchent les tons accentués des terrains et des ombres. Ne croyons pas qu'ils ignorent que le printemps ait ses fins gazons émaillés de pâquerettes, de muguets, que les buissons épineux soient alors odorants et fleuris. Quelques maîtres, qui savent voir et bien rendre, pourraient en tirer des tableaux frais et délicieux; ils aperçoivent et saisiraient les rapports justes, les oppositions délicates et printanières; attirés à cette adolescence de l'année qui verdoie, ils craignent le public, qui veut des effets plus écrits et moins doux; il les payerait de leurs peines par une comparaison potagère, banale et sotte: ils s'en effrayent.

Si les paysagistes courent les champs et interrogent les bois, plusieurs peintres d'histoire et de genre ont quitté l'appui-main pour le fusil de chasse; des peintres de batailles tirent bravement leur poudre aux perdreaux; leur valeur épouvante des lièvres. Ceux des artistes qui ne savent où prendre ce qu'il faut pour se passer ces joies, bâtissent, sur leurs succès à venir, les plus beaux châteaux en Espagne. S'ils dorment la grasse matinée, c'est pour rêver d'acheteurs à billets de banque, espèce toujours rare qui, par la belle saison, prend au loin sa volée; une partie s'abat dans verains sur le tapis vert des eaux; aussi l'artiste délaissé est-il tenté de se redire ce que messieurs les joueurs entendent souvent: « Rien ne va plus! »

Le peintre de la salle des États, M. C. Müller, fait officier de la Légion d'honneur pour ce beau travail, est revenu d'un voyage aux Pyrénées. Dans ses courses à travers monts et montagnes, il a trouvé du temps pour de curieuses études.

M. Robert-Fleury, l'auteur de *Charles-Quint au monastère de Saint-Just*, qui sait faire de petits tableaux d'histoire d'une si grande puissance d'effet, se repose ou travaille à peu de distance de Paris; il ne manque pas d'assister aux séances de l'Institut.

Si M. Adolphe Brune n'est pas à la campagne, il y est allé, car il se délasse d'un travail de maître, dont nous parlerons, par la fantaisie de peindre deux paysages; nul de ceux qui savent estimer son talent ne s'étonnerait qu'il s'avisât de se montrer supérieur dans un genre qui n'est pas le sien: le vrai talent fait quelquefois de ces tours.

Le travail persistant et la volonté peuvent presque suppléer un sens perdu. Dans la rue de l'Ouest, où se trouve l'atelier de M. Huet, peintre à qui l'école paysagiste contemporaine doit beaucoup, travaille un jeune sculpteur, élève de M. Barye; il est aveugle! Si Diderot, le grand critique d'art, l'éloquent écrivain, l'homme à l'émotion véhémente qui sut écrire la lettre sur les aveugles à l'usage de ceux qui voient, eût, de son temps, vu travailler ce jeune homme, il aurait ajouté une ou deux pages à ses plus belles. Le toucher merveilleux de Saunderson ne fut jamais plus sûr que celui de M. Duval. Ses doigts ont une vue sans horizon. Il est curieux de le regarder interrogeant de la main le modèle vivant, l'étudier ainsi d'ensemble et de détails, et, du doigt et de l'ébauchoir, reproduire ce qu'il a vu par l'excellence de son toucher. Ce n'est point par des égards dus à cette touchante infortune que ses œuvres ont été admises à la dernière exposition, elles le méritaient. En ce moment, il fait un groupe *Chèvre allaitant son chevreau*; la charpente osseuse est bien étudiée, le poil long et soyeux, bien massé; le mouvement si difficile à saisir, même pour les mieux voyant, étonne. Nous nous sommes senti très-ému devant cette cécité si vaillamment combattue; un profond sentiment de mélancolie admirative se mêlait à notre sérieuse attention.

Au Salon, on remarquait deux petites toiles de M. F. Dufourmantelle, élève de M. Mouilleron; M. le baron de Frégaine avait eu le bon goût de les acheter. Avant de s'aviser, assez heureusement, de devenir le rival de Meissonnier, Fauvelet, Plassan, cet artiste, jeune encore, était lithographe; dans les premiers jours de ce mois la mort a mis deux heures à le prendre.

Nous avons vu dans l'atelier de M. Couture deux vastes toiles inachevées; l'une: *le Départ des volontaires pour la frontière*; l'autre: *le mariage de S. M. Napoléon III*. Constatons que les études de têtes, pour l'exécution de ce grand travail, sont d'une main habile, hardie et d'une belle vigueur d'exécution. Le peintre était absent; aussi ne saurions-nous parler de deux tableaux de genre agréables, mais d'un artiste qui peut beaucoup plus.

M. Gigoux s'occupe d'un grand travail pour la décoration d'une chapelle; ce qu'il nous en a laissé voir promet une œuvre sérieuse dont nous aimerons à parler.

M. Jobbé-Duval a des peintures murales à Saint-Séverin et à Saint-Sulpice; M. Émile Lafon a décoré la chapelle de Saint-François-Xavier dans cette même église; ces grands travaux sont du domaine de la critique, peut-être y reviendrons-nous.

M. Jules-André a cinq panneaux: paysages peints au pavillon Mollien du Louvre.

On a peu parlé des travaux exécutés dans les monuments publics et terminés cette année; ils mériteraient une attention toute particulière; sont-ils bien ce qu'ils devraient être?

Malgré les vacances que se donnent MM. Antigna, Curzon, Ziem et tant d'autres peintres, et les sculpteurs, MM. Marcellin, Demesmay, tous artistes en vacances qui reviendront quand s'en iront les hirondelles, les nouvelles de l'art ne nous manquent pas, mais il faut clore ce premier article.

A. LEGROUX.

Le monde religieux.

Depuis quelques mois, les annales religieuses sont toutes chargées d'électricité politique; on ne peut y toucher sans provoquer de foudroyantes étincelles. Pour se mettre à l'unisson des choses et des grandes préoccupations du moment, il faudrait entrer en champ clos, s'escrimer d'estoc et de taille en faveur de questions à faces multiples et si embrouillées que Dieu seul pourra les résoudre.

Je prie mon camarade A. Lange, qui, en s'associant à cette publication, a bien voulu encourager ma tentative, de recevoir l'expression de ma gratitude.

J. Franco

LE BOIS

DE

VINCENNES

ÉDITÉ PAR ILDEFONSE ROUSSET.

CASCADE SUPÉRIEURE

DU LAC DES MINIMES

Bois de Vincennes — *Ildefonse Rousset Photo*

LE BOIS

DE

VINCENNES

DÉCRIT ET PHOTOGRAPHIÉ

PAR

ÉMILE DE LA BÉDOLLIÈRE

ET

ILDEFONSE ROUSSET

PARIS

A. LACROIX, VERBOECKHOVEN ET Cie

LIBRAIRIE INTERNATIONALE

15 Boulevard Montmartre 15

M DCCC LXVI

INTRODUCTION.

C'était au mois de juin 1865 : Rousset & votre serviteur, le photographe & l'écrivain, naviguaient sur le bateau photographique *l'Hélioscaphe*, pour compléter une seconde édition du *Tour de Marne*, par des photographies & des descriptions nouvelles. Neuf heures du matin venaient de sonner à l'horloge d'une des usines du village de Gravelle. Le firmament bleu, pur de tout nuage, resplendissait déjà des feux d'un soleil tropical. La rivière, épuisée par les nombreuses saignées que lui fait la ville de Paris, avait reçu de la sécheresse un coup de grâce. L'embarcation des explorateurs s'avançait péniblement entre les joncs ou se heurtait contre des roches schisteuses, au grand détriment des bouteilles de collodion & d'hyposulfite de soude, qui s'entrechoquaient avec un tintement de fâcheux augure.

Le photographe était inquiet ; Gabriel, le nautonier,

ne répondait pas de la sûreté du bateau, qu'un récif pouvait fendre en deux. Charles, le jeune apprenti photographe, s'écriait par intervalles :

« Monsieur, les fioles vont casser. »

Refusant de s'avouer vaincu, cherchant un biais pour interrompre un voyage qu'il était difficile de continuer, Rousset, heureusement pour lui, leva les yeux vers le kiosque qui surmonte le plateau de Gravelle.

« Il faudra bien pourtant, me dit-il, que nous déjeunions là-haut ?

— Pourquoi pas tout de suite ? répondis-je.

— Au fait, tu peux avoir raison ; la journée s'annonce mal ; le soleil, qui n'est pas assez voilé, ne peut que donner des images où les lumières contrasteront durement avec les ombres. La brise agite les feuilles. Traversons la voûte du canal de Saint-Maur, allons remiser *l'Hélioscaphe* à Joinville, & nous monterons tranquillement jusqu'au restaurant Robert. »

Ce projet fut adopté à l'unanimité des suffrages, &, peu d'instants après, nous gravissions la côte.

Nous avions à notre droite des plantations d'ailante glanduleuse (*Ailantus glandulosa*), arbuste de la famille des Xanthoxylées qui sert de nourriture à un bombyx récemment importé en France. Plus loin, nous vîmes l'établissement central de sériciculture, annexe de la ferme fondée en 1859, & les tristes remparts de la redoute de Gravelle, où fut ouverte, par de nouveaux & formidables engins, une brèche dont les vestiges sont encore visibles, & où, le 25 novembre 1858, périt, d'un éclat de cette mitraille inconnue, le général Ardant, atteint au milieu d'une foule d'officiers supérieurs venus comme lui pour assister aux expériences de la nouvelle artillerie rayée, qui n'en était alors qu'à ses répétitions.

Bientôt s'étendit à nos yeux, du côté septentrional, le

VUE PRISE DU PLATEAU DE GRAVELLE

(CÔTÉ DE JOINVILLE)

Le Bois de Vincennes — *Ildefonse Rousset Phot.*

bel hippodrome de Vincennes dont nous étions séparés par un lac & par une rivière où nageaient des cygnes & des canards. Au fond, s'échelonnaient sur les collines les riantes habitations de Nogent-sur-Marne & de Fontenay-sous-Bois, qui devrait être appelé plus exactement Fontenay-sur-Bois. Au loin, le célèbre donjon de Vincennes découpait sa silhouette sur le ciel azuré. Quant à la vue qui s'offrait à nos yeux du côté méridional, nous n'en eûmes la parfaite compréhension qu'en arrivant au kiosque élégant qu'a placé sur une plate-forme exhaussée la prévoyance de M. Alphand, ingénieur en chef des merveilles de la ville de Paris.

Du haut du kiosque de Gravelle on jouit d'un panorama unique. Puisqu'en ce siècle positif, tout se résume par des chiffres, disons que la vue s'étend de l'ouest à l'est dans un espace de cinquante-deux kilomètres, & du nord au sud dans un espace de quarante-huit kilomètres. Au premier plan est un escarpement abrupte auquel se suspendent pêle-mêle des jardins, des villas & des chaumières, qui disparaîtront bientôt, car, afin de faciliter la montée, des rampes commodes vont être pratiquées depuis le plateau jusqu'à la Marne. Elle coule cent mètres plus bas, blanche & luisante comme un ruban de métal. Le territoire de toutes les communes qu'elle traverse, depuis Nogent jusqu'aux Carrières, se déroule au milieu de verdoyants massifs, de longues files de peupliers.

Toutes les étapes du Tour de Marne se distinguent aisément du haut de cet observatoire.

N'est-ce pas là le clocher de Joinville &, plus loin, le magnifique viaduc de Nogent?

Pouvons-nous méconnaître les ombrages, les maisons de campagne, les parcs, qui couvrent la presqu'île de Saint-Maur?

Ces blanches silhouettes ne sont-elles pas celles des

retraites aristocratiques ou des vastes fermes de Chennevières, de Champigny, de Bonneuil, de Créteil?

Regardons à gauche, & la Marne nous arrive en droite ligne, en traçant un éblouissant sillon, avec lequel contrastent les teintes sombres du feuillage.

Regardons à droite, & nous suivons les ondulations des vagues qui caressent les contours des îles de Charentonneau, d'Enfer, de Robinson. Alfort se détache au milieu du delta fertile que forment la Seine & la Marne en confondant leurs eaux. Plus loin, serpentent les chemins de fer d'Orléans et de Lyon, dont les trains rapides, surmontés de panaches de fumée, font le désespoir du photographe qui veut les saisir au passage & les fixer sur sa plaque. Dans la plaine, sur les coteaux inondés de lumière ou de brume, sont une trentaine de villes & de villages : c'est Boissy-Saint-Léger, qui a conservé les souvenirs de Barras & de Berthier; Choisy-le-Roi, séjour favori de Louis XV, réuni au château de Piples, séjour affectionné de Mme de Pompadour, par une route dont on distingue les grands arbres & qui porte encore le nom de la favorite. C'est Villeneuve-Saint-Georges, Vitry, Ivry, Jouy, Villejuif, Bicêtre, dont les bâtiments grandioses se dessinent à l'horizon. On distingue même, quand l'atmosphère est pure, le château de Meudon & les bras mobiles du moulin de la Tour, perché au sommet des collines de Fontenay-aux-Roses.

Le kiosque du plateau de Gravelle est divisé par ses colonnettes en seize compartiments. Nous nous plaçons successivement à chacune de ces larges baies, &, chaque fois, nous trouvons un aspect différent, un tableau nouveau.

Nous aurions pu rester longtemps en contemplation devant les splendides paysages de Gravelle; mais le maître queux du restaurateur Robert nous avait préparé une succu-

VUE PRISE DU PLATEAU DE GRAVELLE
(CÔTÉ DE St MAURICE)

Ildefonse Rousset Photo

« Parbleu! par une voiture! Quel est le problème à résoudre? Avoir toujours à proximité un laboratoire pour travailler au collodion humide, dépouiller immédiatement les épreuves, obtenir des produits que ne donne jamais le collodion sec. Ce laboratoire peut être aussi bien installé dans une voiture que dans un bateau. Nous aviserons. »

Huit jours après, la voiture photographique était faite. C'était une caisse en forme de carré long, solidement construite, recouverte de toiles imperméables. Le compartiment antérieur, destiné aux voyageurs, était ouvert, ce qui les mettait à même d'explorer la campagne & de choisir, en pleine connaissance de cause, leur lieu de débarquement. L'atelier s'ouvrait par derrière; il était éclairé par des vitres jaunes, car nos lecteurs savent sans doute que la couleur jaune intercepte les rayons photogéniques.

Gabriel le marinier avait suivi avec une certaine anxiété tous les préparatifs.

« Monsieur, dit-il à Rousset, auriez-vous la complaisance de me dire quelle est cette tapissière de nouvelle invention?

— C'est un laboratoire avec lequel nous allons prendre les vues du bois de Vincennes; c'est vous qui nous conduirez.

— Moi, monsieur! est-ce bien sérieusement que vous me dites cela?

— Sans contredit; dans ma nouvelle tournée, je serais fâché de ne pas conserver un aussi fidèle compagnon.

— Eh bien, monsieur, vous avez compté sans votre hôte; celui qui a été honoré du surnom de Petit-Caporal de la Marne, a contracté une dette envers ses concitoyens, il est batelier & non cocher; ses mains, encore solides, sont faites pour la rame & non pour le fouet. Je sais bien que les canards sauvages, ne voyant pas la Marne qui leur était cachée par des arbres & par des coteaux, se sont arrêtés là-haut, qu'ils se lente matelote, & il fallait s'arracher au culte de la nature pour songer au réconfort matériel.

Après le déjeuner, Rousset & moi fîmes une excursion dans le bois de Vincennes, & les larges avenues aussi bien arrosées qu'un boulevard de Paris, les sentiers aux voûtes ombreuses, les grandes futaies, les gazons, les corbeilles de roseaux, les rivières sinueuses, les cascades mugissantes, l'entrain des promeneurs, les chants qui résonnaient sous la ramée, tout nous réjouit le cœur & les yeux.

« Il y a quelque chose à faire ici, me dit Ildefonse.

— A qui le dis-tu? Je me souviens du bois de Vincennes d'autrefois où Charles X tuait des chevreuils, où Papavoine tuait des enfants, où les duellistes s'alignaient; solitude aride & morne, bien faite pour encadrer le château qui avait vu l'agonie de Charles IX, le donjon dont les échos avaient répété les lamentations de tant de captifs. Qu'est-ce que je retrouve? De frais bocages, des eaux vives, de joyeuses caravanes, l'animation, le mouvement, la vie! Maintes fois détruit, saccagé, replanté, remanié, le bois de Vincennes semblait chercher une forme stable & définitive; il l'a trouvée, grâce à la ville de Paris & à ses habiles interprètes! Vaillant photographe, c'est à toi de la reproduire, de la fixer! Pour moi je suis prêt, comme par le passé, à décrire les paysages, à narrer l'histoire, à peindre les mœurs des contrées que nous visiterons. Je tiendrai la plume tandis que tu braqueras l'objectif.

— J'accepte ma part de mission, repartit Ildefonse; mais *l'Hélioscaphe* n'a pas pour devise comme le surintendant Fouquet : *Quo non ascendam?* Les turbines de Gravelle ne sauraient le hisser, & les rivières de céans ne sont pas navigables pour lui. Comment le remplacer? *That is the question.* »

Il y eut un moment de silence & de rêverie; puis Ildefonse s'écria :

sont laissé prendre aux séductions de la civilisation, & que tous les hivers on les trouve sur vos lacs artificiels en compagnie des canards domestiques qu'entretient la ville de Paris. Moi qui connais la Marne, je lui reste dévoué. Je n'irai point pêcher les truites fabriquées par la pisciculture; tant que j'aurai un bateau sur la rivière, je ne me laisserai point traîner dans un char-à-bancs. Je respecte la photographie, mais je ne lui prête mon concours que sur les bords de la Marne. Je ferai des vœux pour votre réussite, mais je ne bouge pas d'ici. »

Ildefonse comprit qu'il est de ces occasions solennelles où l'homme a besoin de toutes les ressources de son éloquence.

« Voyons, mon vieux Gabriel, dit-il, avez-vous confiance en moi, me croyez-vous capable de vous faire une proposition fallacieuse? Le sentiment qui vous guide est louable, sans contredit, mais est-ce que vous ne l'exagérez pas? Est-ce qu'il s'agit de quitter la rivière où vous avez fait vos premières armes, où vous trônez, où personne ne vous remplacera? Vous ne l'abandonnez pas, vous la suivez. N'est-ce pas elle qui, cédant aux séductions de M. Alphand, enlevée par les puissantes turbines de M. Belgrand, vient animer ces hauteurs? Vous raillez la pisciculture, mais les poissons dont sont peuplées les eaux des lacs sont, en immense majorité, ceux de Nogent, de Saint-Maur, de Charenton. Transportés par les turbines à cent mètres du lieu de leur naissance, ils se trouvent si bien dans leur eau nouvelle, qu'ils s'y installent définitivement. Ce sont, en effet, mon cher Gabriel, les carpes de la Marne, les anguilles & les goujons de la Marne, les écrevisses de la Marne, que vous repêcherez là-haut, si le cœur vous en dit; & vous ferez en même temps connaissance avec quelques intrus, truites ou ombres-chevaliers, que les savants ont l'air d'élever tout exprès pour servir de pâture aux perches & aux brochets de la Marne qui sont aussi accourus au rendez-vous. Après ces franches explications, qui pourrait vous empêcher de m'aider à utiliser mon laboratoire dans le bois de Vincennes? »

Pendant cette allocution, Gabriel s'était insensiblement déridé.

— Vous pourrez, d'ailleurs, manier les rames et la gaffe sur les lacs dont la Marne a pris possession, reprit Ildefonse.

— Ce n'est pas là ce qui me détermine, mais l'idée de faire du carnage parmi les élèves des pisciculteurs me sourit infiniment; je marche avec vous! »

Ce fut ainsi que Gabriel, le *petit caporal* de la Marne devint conducteur d'un véhicule terrestre, avec le concours du jeune Charles & de l'infatigable Rousset.

Par un beau jour d'été, sous un ciel légèrement brumeux, la voiture photographique se mit en route. Le bateau avait excité l'hilarité des passants, qui le comparaient au théâtre de Guignol. L'analogie de la voiture photographique avec un chariot de saltimbanques nous attira d'autres sarcasmes.

« Tiens! disait-on sur notre passage, voici la femme à barbe!

— Eh! non, c'est le successeur de Mengin qui se rend à la foire de Lagny. »

Les railleries ne nous empêchèrent pas d'atteindre le but de nos pérégrinations. Les auteurs du *Tour de Marne,* résolus de donner un pendant à cette publication, plantèrent leur tente dans le bois de Vincennes, & de leur association persévérante est né l'ouvrage que nous offrons au public.

UNE DES 16 TRAVÉES

DU KIOSQUE DE GRAVELLE (COTÉ DE FONTENAY)

Bois de Vincennes — *Ildefonse Rousset Photo*

LE

BOIS DE VINCENNES

CHAPITRE PREMIER

Préambule. — Le parc du peuple. — Les dîners sur l'herbe. — Résumé historique. — Étymologie du nom de Vincennes. — Tot capita, tot sensus. — *Devine, si tu peux! — Origine celtique. — L'enceinte de Philippe-Auguste. — Le chêne de saint Louis.*

Des bords de la Marne, que nous avons parcourus ensemble, chers & honorés lecteurs, montons, s'il vous plaît, au bois de Vincennes.

Peut-être trouverez-vous que nous n'étendons pas assez le cercle de nos excursions; mais pourquoi chercher au loin ce qui est à notre porte?

Quel est le but des voyageurs qui vont geler autour des pôles, ou rôtir entre les tropiques? d'admirer des sites pittoresques, d'étudier des mœurs curieuses, de recueillir des faits intéressants! Eh bien! ces sites, ces mœurs, ces faits, vous les rencontrez aux portes de Paris. Nous nous enthousiasmons souvent pour des contrées étrangères dont nous n'aurons jamais occasion de vérifier la description, & regardons à peine les merveilles qui sont près de nous. Quoi de plus curieux, dans l'Europe entière, que le bois de Vincennes, naguère aride, arrosé maintenant par des eaux murmurantes; création de la nature complétée par la main des hommes; parc des rois devenu le parc du peuple! Que de charmantes choses réunies dans ce bois dont la superficie totale est de 904 hectares, & qui est situé sur le territoire de sept communes différentes! Que de types divers à observer au sein de la population qui le fréquente : l'artisan, le soldat, le sportsman, le garde forestier! L'esprit est entraîné loin des misères humaines, loin des travaux pénibles, loin des âcres querelles, vers une sphère de gaieté franche, d'amour pur & de bonheur, quand on voit, le dimanche, des familles de commerçants & d'ouvriers débarquer au bois de Vincennes. Elles arrivent dans d'immenses tapissières, annonçant leur approche par le retentissement cristallin de leurs rires & de leurs caquets. Les provisions sont déballées, les bouteilles déposées au bas d'une fraîche cascatelle. Une blanche nappe s'étale sur le gazon vert, au pied d'un bouleau incliné qui part du sol comme une fusée. Le dîner se passe joyeusement, assaisonné d'épisodes comiques, interrompu fréquemment par de brusques diversions. Et quels transports si les convives ont la bonne fortune de voir tomber des hannetons dans leurs assiettes! Au dessert, quelque ténor faubourien entonne un refrain qui égaye beaucoup, parfois en scandalisant un peu, ou bien quelque jeune prima-donna roucoule une plaintive romance. Puis les vieux devisent, les enfants gambadent dans les clairières, les amoureux rêvent sous les feuillées, & tout le monde s'étonne qu'il soit si tard, quand la lune vient semer au milieu des ombrages ses paillettes d'argent.

Plaisirs & souffrances, amours & haines, fêtes & combats, gloire & revers, vertus & crimes, splendeurs de la monarchie & sombres angoisses de la captivité, suicides &

duels, toutes les passions de l'homme, toutes les manifestations de son activité, se trouvent dans les annales du bois de Vincennes. Nous aurons, pour notre récit, à glaner une foule de souvenirs; mais un résumé historique est préalablement indispensable.

D'abord, d'où peut venir le nom de Vincennes?

J'ai questionné à ce sujet plusieurs savants bibliothécaires avec lesquels j'ai l'honneur d'être dans les meilleurs termes.

« Ne savez-vous pas, m'a répondu le premier, qu'en vertu du décret du 8 mars 1855, il a été fondé à Vincennes un asile pour les convalescents? Si l'on a choisi cette localité, c'est qu'elle est, de temps immémorial, renommée pour son air salubre & tonique. Vie saine, vita sana, & par corruption Vincennes; rien n'est plus clair. »

Le second bibliothécaire m'alla chercher la *Notice des Gaules*, d'Adrien de Valois, & me montra du doigt ce passage : « *Vicenæ dictæ quod vicenis seu vigenti stadiis abessent ab urbe Lutetia, hoc est passibus bis mille & quingentis.* (La forêt a pris le nom de Vincennes parce qu'elle est séparée de Lutèce par une distance de vingt stades, c'est-à-dire de deux mille cinq cents pas.) »

Le troisième bibliothécaire prétendit que la forêt s'appelait Vincennes parce qu'elle avait deux mille arpents (*vicena jugera.*)

Je m'éloignai tout en songeant au néant de l'érudition, & plus perplexe que Phocas au moment où Léontine lui crie :

> Le secret n'en est su ni de toi, ni de lui;
> Tu n'en sauras non plus les véritables causes;
> Devine si tu peux, et choisis si tu l'oses.

De nouvelles recherches m'ont amené à croire qu'aucun de mes donneurs de renseignements n'avait raison.

L'étymologie de Vie Saine a été inventée au XVe siècle. Demandez à la Bibliothèque impériale les manuscrits inscrits sous les numéros 2154 & 10365, vous y trouverez deux Histoires de France composées en l'année 1495, & dont l'une est l'abrégé de l'autre. L'anonyme auteur de toutes deux n'a écrit qu'une seule fois *Vinciennes;* partout ailleurs il parle du bois & du château de Vie-saine! fantaisie purement personnelle.

Les deux autres opinions ne sont pas mieux fondées. Jamais on n'a pu appeler *vicena jugera* (deux mille arpents), un bois qui en avait plus de quatre mille, & il est inadmissible qu'on ait calculé exactement la distance de Lutèce à Vincennes, quand ni Lutèce ni Vincennes n'avaient de limites.

D'ailleurs, le bois de Vincennes se nommait primitivement, non pas *Vicenæ,* mais *Vilcennæ,* mot que nous lisons pour la première fois dans un acte du cartulaire de Saint-Maur, à la date de 847, que nous revoyons dans une bulle de Benoît VII en 980; puis dans une charte de Henri Ier, l'an 1037, & qui semble être la forme latine d'un mot celtique. Quelle en est la signification? nous avouons humblement que nous l'ignorons. Nous l'avons vainement cherchée dans les in-folio que Jean-Baptiste Bullet, professeur de théologie à l'université de Besançon, a consacrés au langage des Celtes. O néant de l'érudition!

Il est encore une étymologie latine que nous pourrions hasarder. Comme nous l'avons dit dans *le Tour de Marne,* un collége de Dendrophores était constitué au milieu de la forêt, à la place où s'éleva plus tard le monastère des Minimes. Ces Dendrophores devaient fêter gaiement le dieu Sylvain & se livrer à des repas prolongés en l'honneur d'un patron qui s'ébattait sous les ombrages en compagnie des faunes, des satyres & des dryades. Les Gallo-Romains, qui longeaient les murs du temple païen, devaient entendre parfois le bruit des hymnes à Bacchus & des coupes entrechoquées ; & quand un étranger leur demandait : Quel est ce domaine ? ils répondaient : « C'est la villa des festins ! (*Villa Cœnarum.*) »

En 1182, Philippe-Auguste fit entourer d'une solide muraille le bois de Vincennes, qui avait été ouvert jusqu'alors. Afin de nous débarrasser une fois pour toutes du latin, qu'il nous soit permis de citer le texte même de la chronique du médecin Rigord : *Philippus Augustus nemus Vicenarum, quod toto tempore prædecessorum suorum fuerat disclusum, omnibus transeuntibus patens & pervium, muro optimo circumcingi fecit; inclusit maximam multitudinem caprarum, & damarum, & cervorum.*

Ce fut ce même Philippe-Auguste qui fit bâtir dans le bois de Vincennes un manoir royal que son fils agrandit. Tout le monde sait que Louis IX y rendait la justice, ayant pour assesseurs un jurisconsulte alors célèbre, Pierre de Fontaines, & Geffroy de Villete, qui fut bailli de Tain en l'an 1261 & ambassadeur à Venise en 1268. Il nous est impossible de ne pas reproduire ici le passage tant de fois cité des *Mémoires* de Jean, sire de Joinville, & nous l'empruntons à la plus récente & la meilleure édition, celle de MM. Ambroise Firmin Didot et Francisque Michel. Il est en *vieil languaige*, mais le traduire serait une injure pour le bon sénéchal de Champagne & pour nos lecteurs :

« Maintes foiz avint que en esté il aloit seoir au boiz de Vinciennes après la messe, & se acostoioit à un chesne, & nous fesoit seoir entour li.

« Et touz ceulz qui avoient à faire venoient parler à li, sanz destourbier de huissier ne d'autre, & lors il leur demandoit de sa bouche :

« A-yl ci nullui qui ait partie ?

« Et cil se levoient qui partie avoient, & lors il disoit :

« Taisiez-vous touz, & en vous déliverra l'un après l'autre.

« Et lors il appeloit monseigneur Pierre de Fonteinnes & monseigneur Geffroy de Villete, & disoit à l'un d'eux :

« Délivrez-moy ceste partie.

« Et quand il véoit aucune chose à amender à la parole de ceulz qui parloient par autrui, il-meismes l'amendoit de sa bouche. »

Comme le culte de la monarchie se peint dans ces mots : *Lui-même, de sa bouche!* Ce roi qui daigne parler, qui daigne agir, qui daigne s'occuper des affaires des vilains, inspire à Joinville une admiration que partageaient sans doute ses contemporains. Ils ne l'ont pas transmise à la postérité, qui a détruit comme des arbres vulgaires les chênes dont les rameaux avaient abrité le monarque magistrat.

Dans un premier voyage à Vincennes, il y a déjà bien longtemps, j'avais lié conversation, sur un banc du cours Marigny, avec un vieillard sec et vigoureux, qui portait fièrement une croix d'or pommelée, à huit pointes, ayant l'effigie de saint Louis au centre, & cette légende inscrite dans un cercle d'azur : *Ludovicus Magnus instituit* 1693. Il possédait les belles manières, l'afféterie, la politesse quintessenciée des marquis d'autrefois; les mèches de sa chevelure blanche, si elles avaient été moins rares, se seraient déployées d'elles-mêmes en ailes de pigeon.

J'appris du chevalier qu'il était né à Mittau, d'un père émigré, & qu'au retour des Bourbons, il avait obtenu une charge à la cour. Il avait pris sa retraite à Vincennes, afin d'achever ses jours au milieu de souvenirs monarchiques.

— Vous voyez là-bas, me dit-il, ce cep de vigne qui serpente à la porte d'un cabaret, en face des remparts du château ; c'était là, suivant la tradition, qu'était le chêne de saint Louis. En 1828, les autorités locales y menèrent cérémonieusement S. A. R. Mme la Dauphine; un poëte de Vincennes récita des vers de circonstance; les assistants décidèrent avec enthousiasme qu'un monument serait élevé sur cet emplacement; mais la révolution de 1830 est survenue, & l'on a renoncé au projet.

— On a eu raison, répondis-je avec le plus grand calme; à quoi bon consacrer une erreur? Il n'y a jamais eu de chêne de saint Louis.

Le chevalier me contempla avec ébahissement.

— Monsieur, s'écria-t-il, permettez-moi de vous dire que votre allégation est contredite par le texte du sire de Joinville.

— Au contraire; que dit ce chroniqueur : « Il aloit seoir au boiz de Vinciennes, après la messe, & se acostoioit à un chesne. » S'ensuit-il que ce chêne fût toujours le même? N'est-il pas vraisemblable que Louis IX, en se promenant dans le bois, s'arrêtait tantôt ici, tantôt là, à l'endroit où des plaideurs lui venaient soumettre leurs placets. Il a tenu sous cinquante arbres divers ses assises improvisées; il ne pouvait avoir de préférence pour un chêne particulier.

— Pourtant, monsieur, nos écrivains citent à chaque instant le chêne de saint Louis.

— Ils flattent la croyance populaire, mais elle n'en a pas plus de solidité. S'il y avait eu un chêne de saint Louis, il eût été respecté par Charles VI qui, pendant le rude hiver de 1419, fit abattre une grande partie du bois. Il eût été respecté par Olivier Le Daim, barbier de Louis XI & concierge du château de Vincennes, lorsqu'il changea la distribution de la forêt & en combla les lacunes en y plantant trois mille chênes. L'arbre vénéré aurait échappé à la subversion totale qui fut accomplie, par les ordres de Louis XV, sous la direction d'Alexandre Lefebvre de la Faluère, grand maître des eaux & forêts en 1731. Ne connaissez-vous pas les deux inscriptions gravées sur la pyramide qui s'élève au rond-point du chemin de Vincennes à Saint-Maur :

LUDOVICUS XV
VINCENARUM NEMUS
EFFECTUM
ARBORIBUS
NOVIS CONSERI JUSSIT.

CURANTE
ALEXANDRO LEFEBVRO
DE LA FALVERE,
MAGNO AQUARUM
ET SYLVARUM MAGISTRO
AN. M. DCC. XXXI.

Je suis donc en droit de soutenir que le chêne de saint Louis n'a jamais existé. »

Le vieux chevalier m'avait écouté attentivement.

— Vos arguments sont spécieux, me dit-il en secouant la tête. Mais, à mes yeux, la foi vaut souvent mieux que la raison. Vous avez ébranlé mes convictions. Adieu, Monsieur, je vais les retremper en contemplant la place où je crois qu'était le chêne de saint Louis.

PLATEAU ET KIOSQUE DE GRAVELLE

Bois de Vincennes — Ildefonse Rousset Photo

CHAPITRE II.

Effet des turbines. — Distribution des eaux. — L'hippodrome. — Les steeple-chases. — La grande & la petite piste.

Nous ne pouvions guère nous préoccuper du chêne de saint Louis, le jour de l'année 1865 où commença notre expédition. La partie du bois de Vincennes qui en fut le point de départ a été presque entièrement dénudée dans les nouvelles transformations. C'était une plaine sans arbres que nous avions tout d'abord à traverser.

Du fort de Vincennes aux redoutes de Gravelle & de la Faisanderie, un immense champ de manœuvre a été taillé en plein bois. L'ancien polygone qui s'étendait en avant du vieux fort ne répondant plus à la portée des nouvelles armes, il a fallu, pour éloigner les buttes & les cibles, trouer des espaces presque infinis, & la nouvelle plaine a été créée.

Du reste, pour justifier les abattis regrettables nécessités par cette création, de nombreuses destinations ont été assignées à cette plaine. Outre les grandes manœuvres dont elle est souvent le théâtre, elle sert quotidiennement aux travaux & aux cultures de la ferme impériale, établie à l'extrémité de cette plaine, dans les bâtiments de l'ancienne faisanderie. Un espace particulier a été concédé à M. Georges Ville, professeur au Muséum d'histoire naturelle, pour y poursuivre des expériences plus spéciales de chimie agricole. Les plantations d'aylantes mentionnées au commencement de ce récit fournissent la nourriture aux nombreux élèves qui naissent, filent, pondent & meurent dans l'établissement de séricicuture établi dans le pavillon qui domine le coteau du côté de Gravelle. Les tribunes des courses édifiées sur le flanc du bois & les obstacles qui coupent de loin en loin la piste rappellent les luttes hippiques dont la plaine est témoin chaque année au renouveau & à la chute des feuilles.

L'ancien polygone & le champ de manœuvre, plus spécialement réservés aux exercices quotidiens des troupes qui occupent le fort de Vincennes ou qui viennent camper sous les tentes établies chaque été sur le plateau, sont jonchés de débris de gargousses, de cartouches & d'éclats d'obus. On rencontre souvent les moutons de la ferme cherchant au milieu de ces débris les vestiges d'herbe échappés aux talons des soldats et aux déchirements des boulets.

Des bosquets se groupent autour du lac de Gravelle, réservoir qui reçoit quotidiennement quinze mille mètres cubes d'eau puisés, quarante mètres plus bas, dans la Marne. Sur l'emplacement des anciennes minoteries Darblay, des roues horizontales immergées tournent sur des axes verticaux. Ces machines hydrauliques, supérieures à toutes celles dont s'est précédemment entretenu le monde des sciences, font jouer des pompes colossales; une trombe d'eau est refoulée dans des tuyaux de fonte; une partie en sort en bouillonnant, s'étend en nappe limpide dans le lac de Gravelle, & se partage en plusieurs bras, que nous retrouverons dans le cours de notre voyage. Elle emplit le lit de la rivière Pompadour, de la rivière Aimable, de la rivière Couverte & des autres rivières qui serpentent au travers du bois. Elle alimente les trois grands lacs des Minimes, de Saint-Mandé & de Charenton; elle s'éparpille dans diverses conduites en fonte, qui, percées de regards & de bouches, arrosent les routes & entretiennent la fraîcheur des gazons. Cependant, l'autre partie de l'eau enlevée par les turbines, dirigée sur les réservoirs de Ménilmontant, fournit quarante mille mètres cubes au service de la distribution d'eau de Paris.

Ce système général de distribution des eaux fut conçu lorsque la loi du 24 juillet 1860 eût autorisé la cession du bois de Vincennes à la ville de Paris, qui s'engagea à l'entretenir en promenade publique à perpétuité, & à l'étendre jusqu'aux fortifications. C'était une compensation bien due à ce pauvre bois, sur lequel on avait pris successivement une redoute, une ferme, un champ de courses, un champ de manœuvres.

On peut dire sans aucune exagération que la création d'un hippodrome de steeple-chase dans le bois de Vincennes a répondu à un véritable besoin.

Les steeple-chases ont commencé en France par les courses de la Croix-de-Berny, qui étaient de véritables courses au clocher & qui ne réunissaient qu'un petit nombre d'amateurs zélés qui arrivaient de Paris en calèches & en voitures de poste.

Le goût de ces courses se répandant, on pensa à les régulariser & à leur donner un emplacement fixe, où l'on pourrait convoquer le public ; le champ de La Marche fut choisi.

On sait avec quel empressement il fut adopté ; mais, outre la distance, qui est assez grande & nécessite une voiture & même des chevaux de poste, La Marche présente de sérieux inconvénients : le sol marécageux est presque impraticable quand il a plu, & les pistes sont tracées de telle sorte que sur trois courses il y en a généralement deux, celles pour les gentlemen & les prix à réclamer, qui se font sans que le public puisse les suivre, les chevaux passant derrière les tribunes & dans presque tout le reste du parcours étant cachés par des bouquets d'arbres ou des plis de terrain.

Ce fut pour remédier à ces inconvénients & à quelques autres encore que l'on créa l'hippodrome de Vincennes.

Comme terrain on n'en peut pas désirer de meilleur; perméable & sablonneux, il est praticable par tous les temps, & tracé sur les terres de la ferme, il réunit toutes les conditions de diversité : terres labourées, prairies, landes, qui sont l'essence même du steeple-chase, c'est-à-dire de la course à travers les champs.

Comme situation, Vincennes était aussi très-heureusement choisi. A un public habitué aux exercices du sport on peut offrir les courses plates, qui sont pour ainsi dire la tragédie du genre; mais pour un public neuf, pour le public parisien qui s'en va tout simplement le dimanche à la campagne se promener & s'amuser, il faut les dangers & les émotions des courses d'obstacles, qui sont le drame avec toutes ses péripéties. Il n'est pas indispensable d'avoir reçu une éducation préalable pour s'intéresser aux steeple-chases, & tout le monde peut juger la vigueur d'un cheval sautant la rivière, l'habileté, le courage & le sang-froid d'un jockey enlevant sa bête pour lui faire franchir un mur ou la banquette irlandaise.

Adossées au bois qui touche Saint-Maurice & Charenton, les tribunes dominent tout le plateau sur lequel se font les courses, & au loin, par-dessus le bois, elles ont pour horizon les coteaux de Fontenay, & par-dessus les forts de Gravelle & de la Faisanderie les lignes bleuâtres des coteaux de la Marne.

Notre voiture longe l'hippodrome en ce moment désert, mais qui, plusieurs fois par an, attire un nombreux public, différent de celui qu'on remarque au Bois de Boulogne ou de La Marche. Il se recrute dans la population laborieuse des faubourgs; adorant les actes de courage & s'y connaissant, elle prend plaisir à suivre des yeux les hardis cavaliers qui s'exposent à se casser le cou dans les fêtes organisées, depuis 1863, par la Société générale des Steeple-chases de France. Cette population intelligente dédaigne les faux sportsmen, les dandis prétentieux, les beautés bruyantes, qui ne se montrent sur le turf que pour étaler d'excentriques toilettes; mais elle aime les beaux chevaux et ceux qui les maîtrisent. En s'approchant, pendant les grandes épreuves hippiques, des groupes où les ouvriers sont en majorité, on est tout surpris de les entendre conférer ensemble comme s'ils étaient membres du Jockey-Club.

« La course sera belle!

— Il y a vingt-quatre chevaux d'engagés.

— De combien est l'entrée?

— De cinquante francs seulement, ce n'est pas la peine de s'en passer.

— Et le poids?

— De soixante-cinq kilos pour les chevaux de quatre ans, avec une surcharge de cinq, s'ils ont gagné un prix de 3,000 francs.

— Attention! ils entrent sur la piste; ils partent! c'est *Grabuge* qui tient la tête.

— *Sentence* la prend!

— Je parie pour *Trente-et-un!*

— Et moi, pour *Allez-y-sans-crainte!*

— Cinq contre un, pour *Whale-bone!*

— Ils courent si vite, qu'on les voit à peine!... Je les attends à la banquette irlandaise... Bon! en voilà un qui a sauté... un deuxième... Aïe!... le troisième est à bas!... s'il se relève sans anicroche, il aura de la chance!

— Regardez donc ces trois qui pataugent dans les labourés.

— Nous allons voir au dernier tournant! c'est *Regalia* qui tient la tête... *Katinka* la suit... *Regalia* arrive première...

elle a dû battre l'autre d'au moins une longueur et demie!... Bravo!... Vive *Regalia!*

— Vous savez! c'est son propriétaire qui la monte, un brave qui était à Solferino, M. de Talon. Drôle de plaisir, tout de même, lorsqu'on a du pain sur la planche! »

Le sportsman qui a remporté un prix à Vincennes a le droit d'en être fier. La grande piste n'a pas moins de 3,500 mètres, la petite piste en a 2,500. Elles sont coupées de cinquante-deux obstacles: haies doubles ou simples, rivières ou ruisseaux, fossés, murs, barrières, talus, banquettes, dont la plus formidable, la banquette irlandaise, a déjà vu bien des chutes! C'est, avec la grande rivière, l'obstacle le plus important, & tous deux sont devant les tribunes. Cette disposition est très-heureuse pour le public, qui juge ainsi de tout près la vigueur des chevaux & l'habileté des jockeys; malheureusement on n'a obtenu cet avantage qu'au prix d'un inconvénient regrettable : le terrain qui précède la banquette irlandaise est assez fortement incliné, & les chevaux, lorsqu'ils ne sont pas sagement retenus, arrivent sur cet obstacle à fond de train, culbutent & quelquefois se cassent les reins.

C'est sur le terrain de Vincennes que se sont formés nos gentlemen-riders les plus connus & les plus intrépides : M. de Saint-Germain, si malheureusement tué à Spa, MM. Talon, d'Evry, de Terves, Lavignée, Roques, de Lignières, etc.

C'est à Vincennes que Lamplugh, le grand jockey des steeple-chases, a remporté ses plus belles victoires.

C'est à Vincennes que se sont fait un nom : *Magenta, Egmont, Valentino, Catspaw, Astrolabe*, etc.

Un vieux garde, qui contemplait avec nous l'hippodrome, s'écria d'un ton plaintif :

« Dire que j'ai vu de si belles chasses sur cet emplacement! A l'endroit même où de pauvres diables de chevaux sautent en pure perte des fossés, Charles X forçait des cerfs, & là-bas, où vous voyez ces barraques qu'on appelle des tribunes, c'était le rendez-vous des biches. »

CHAPITRE III.

Les chasses de Vincennes. — Le faon de 1814. — Souscription des gardes. — Les quatre lapereaux. — La chasse des Prussiens. — Massacre général. — Le dernier chevreuil.

Les derniers changements apportés au bois de Vincennes en ont à jamais banni la chasse. Le son du cor ne fera plus vibrer les échos des fourrés. Un enclos de peu d'étendue renferme seul encore quelques daims et quelques faisans.

Les chasses de Vincennes avaient commencé sous Philippe-Auguste, auquel Henri II, roi d'Angleterre, avait envoyé des cerfs et des daims pris dans les bois de la Normandie. Elles furent en honneur pendant toute la monarchie, interrompues par la Révolution et reprises sous le premier empire. On voit par les rapports des inspecteurs et des gardes, rapports conservés dans les archives de la conservation du bois, que même, pendant les cent jours, et malgré les graves préoccupations de cette époque, les chasses de Vincennes étaient l'objet d'une attention spéciale. Un des inspecteurs écrit à la date du 1er mai 1815 :

« J'apprends à l'instant qu'un faon de 1814 est sorti par la porte de Charenton, et s'est répandu (*sic*) dans le territoire de Saint-Mandé.

« Le sieur Stelte, garde à cheval, s'est mis à la recherche de cet animal, accompagné du garde champêtre. Il m'a assuré l'avoir vu par pied, et qu'il s'était dirigé sur Fontenay. Je m'attendais à des plaintes de la part des habitants, mais rien ne m'est encore parvenu. Je présume qu'il aura gagné la forêt de Bondy.

« Au moment où je ferme ma lettre, le 1er mai, j'apprends que le faon a été tué par des charretiers sur la route de Montreuil. »

Triste destinée pour un faon qui ne devait mourir que de la main d'un prince ou d'un membre de la haute aristocratie.

Napoléon part pour l'armée : la patrie menacée a besoin de ressources; les gardes du bois de Vincennes oublient un moment la chasse, & M. Levasseur, inspecteur, écrit au conservateur, M. Dabaret, le 12 juin 1815 :

« J'ai réuni chez moi tous les gardes sous mes ordres, & leur ai fait part de la lettre par laquelle vous me donnez avis qu'il y a un registre ouvert chez M. l'intendant de la maison de l'Empereur, destiné à recevoir la souscription de chaque garde pour les offrandes patriotiques, afin de subvenir à l'habillement des gardes nationaux. Chacun de nous regrette beaucoup de ne pouvoir faire une plus grande offre, mais je vous prie de croire que c'est une offre de cœur. Je joins à la présente un état de ce que chacun a déposé, montant à la somme de 99 fr. 10 c. »

La campagne de Belgique a commencé; une lutte gigantesque s'engage. Dévoués à leur tâche particulière, les gardiens des bois la poursuivent avec un imperturbable sang-froid. Un d'eux écrit, le 15 juin 1815 :

« Je n'ai encore aucune connaissance des faons & daims de cette année. J'attends toujours après des assommoirs pour la destruction des animaux nuisibles. »

Le même jour, M. Levasseur mande à M. Dabaret :

« J'ai l'honneur de vous faire passer quatre lapereaux pour

la bouche de S. M. l'Empereur, & vous prie de me faire savoir si je dois ou non continuer cette provision, vu que Sa Majesté n'est plus à Paris. »

Les quatre lapereaux durent arriver la veille de la bataille de Waterloo.

A la faveur des désordres du moment, les cavaliers du 3e de lanciers & autres militaires du 1er corps de cavalerie (général Jacquinot) pénétrèrent dans le parc & y tuèrent des cerfs, des daims & des chevreuils. Les gardes & les gendarmes eurent assez de pouvoir pour suspendre la dévastation; mais, le 31 juillet, ils durent céder à un cas de force majeure. Voici, sur cette affaire, le rapport de M. Levasseur :

« Ayant été instruit que MM. les officiers prussiens cantonnés à Saint-Mandé devaient chasser aujourd'hui dans le parc de Vincennes, je m'y transportai aussitôt étant accompagné de gardes. Nous rencontrâmes effectivement dix à douze officiers prussiens armés de fusils de chasse, ayant avec eux cinquante rabatteurs conduits par MM. de Montzeigle père & fils, & le garde champêtre de la commune de Saint-Mandé. Je demandai à M. de Montzeigle père, qui est maire de Saint-Mandé, en vertu de quelle autorisation il chassait avant le temps dans le parc de Sa Majesté. Il me répondit que M. le colonel, qui logeait chez lui, l'avait (ainsi que M. son fils) forcé de les accompagner à cette chasse; mais sentant aussitôt l'inconvenance de sa démarche, M. de Montzeigle père s'est de suite retiré chez lui. M. son fils est resté pendant toute la chasse, qui a commencé à neuf heures du matin & fini à deux heures après dîner, dans laquelle il a été tué deux perdreaux, un lapin & deux daims blessés (dont le gros).

« Mon intention était bien de m'opposer à cette chasse. J'ai fait quelques observations à ces Messieurs relativement aux daims & daines, ils ne m'ont pas seulement fait l'honneur de m'écouter. Alors j'ai cru qu'il était prudent de céder au grand nombre plutôt que de m'exposer, ainsi que les gardes sous mes ordres, à de mauvais traitements. »

On peut tirer de ce rapport deux conclusions : l'une, que le gibier était en partie détruit, puisqu'un daim d'une certaine dimension est signalé comme un phénomène unique; l'autre, que les officiers prussiens étaient fort maladroits, puisque en cinq heures, avec cinquante rabatteurs, ils n'ont tué que deux perdreaux & un lapin.

Le règne de Charles X fut le beau temps des chasses de Vincennes. Ce roi, secondé par d'habiles veneurs, entre autres par M. de Girardin, n'imitait point ces anciens monarques devant lesquels défilaient par bandes des pièces de gibier que poussaient des centaines d'obséquieux serviteurs. C'était un vrai sportsman, grand & sec, habile cavalier, habile tireur, & il avait une passion sincère pour les exercices cynégétiques.

Mais le bois de Vincennes, qu'il avait entouré de tant de précautions contre le braconnage & le panneautage, fut saccagé en 1830. Repeuplé de bêtes fauves & de gibier à plumes par les soins de la branche cadette, il eut à subir, en 1848, les assauts de la population de Paris, & notamment de celle du faubourg Saint-Antoine; elles n'épargnèrent ni l'espèce, ni le sexe, ni l'âge. De rares lapins purent se réfugier dans le Fonds de Beauté, où l'on voit encore leurs héritiers gambader au clair de lune; mais les chevreuils furent tués, à l'exception d'un seul. Atteint d'une balle à la cuisse, il se déroba aux poursuites de ses bourreaux, &, tout pantelant, s'étendit sur l'herbe pour mourir. Par un miracle, il guérit & se montra un jour aux yeux des gardes ébahis, qui saluèrent avec respect cet animal antédiluvien, ce représentant des races disparues. Il errait comme un spectre à travers la forêt, étonné de se voir vivant & de ne pas être inquiété par les chasseurs. Il acheva paisiblement sa carrière, & sa tête, préparée par un homme expert en taxidermie, orne le cabinet de M. Le Paute, conservateur actuel du bois.

— C'est l'an passé qu'il est mort, nous dit le vieux garde; j'étais blotti dans un fourré pour guetter des maraudeurs qui ramassaient du bois mort & du vert mourant, lorsque j'entendis de faibles plaintes; c'étaient celles du chevreuil qui râlait. Il eut le temps de me regarder, & il me sembla que ses yeux me disaient merci, parce que je l'avais empêché d'être tué par les mauvais sujets qui, en ce temps-là, rôdaient toujours par ici. Sans ma surveillance, comme ils l'auraient mis vite à bas! Moi, qui ai tant tué de gibier dans ma vie avant d'être attaché au bois de Vincennes, j'ai du moins la satisfaction d'en avoir protégé le dernier chevreuil. »

CHAPITRE IV.

Les crimes. — Inconvénient d'un nom bizarre. — Sèchetrompe. — Papavoine.

Après avoir donné un pleur à ce ruminant historique, nous interrogeâmes de nouveau le garde :

« Vous parlez des nombreux mauvais sujets de ce temps-là, il y en a donc moins aujourd'hui.

— Sans doute! où se cacheraient-ils? depuis que le bois est percé d'allées aussi belles que celles d'un parc, sans cesse parcourues par les gardes & les cantonniers, on n'y voit plus que des honnêtes gens. Au reste, on n'y a jamais beaucoup assassiné, & je ne me souviens que de deux affaires graves, celle du forçat & celle de Papavoine, qui se ressemblent en un point. Le forçat ne connaissait pas du tout Sèchetrompe; Papavoine ne connaissait pas du tout les enfants de Charlotte Hérin. »

Cet exorde présageait une narration que le vieux garde ne nous fit pas attendre :

« Un soir, deux individus se trouvent ensemble dans un cabaret. L'un est un compagnon qui fait son tour de France, l'autre se dit charpentier; mais, en réalité, c'est un repris de justice à la poursuite duquel sont tous les limiers de la police.

« Le forçat se mit en embuscade, attendit l'ouvrier, le tua & lui prit ses papiers, avec la conviction qu'il n'avait plus rien à craindre des autorités qui ne l'honoraient pas de leur confiance.

« Par malheur, la victime s'appelait Sèchetrompe!

« Le forçat fit plusieurs lieues sans encombre; mais, sur la route de Montereau, deux gendarmes, dont un brigadier, lui trouvèrent une mine atroce & lui demandèrent ses papiers.

« Faute de poches solides, & peut-être par ostentation, le forçat avait suspendu à son cou les papiers de l'infortuné Sèchetrompe & s'empressa de les présenter.

« Le brigadier les examina d'un œil farouche, & dit ensuite :

« — Vous vous nommez Jérôme Sèchetrompe?

« — Pour vous servir.

« — Ce n'est pas un nom!

« — Il m'a été donné par mon père devant M. le maire, en présence de deux témoins patentés.

« — Où? »

« Cette réponse embarrassa le forçat; n'ayant pas la pièce sous les yeux, il ne savait plus où il devait être né.

« — Allons, reprit le brigadier, nous nous expliquerons

là-bas. Comme vous m'êtes suspect, je vous mets en état d'arrestation provisoire. »

« Le forçat aurait voulu résister, mais on était aux portes d'un village où les gendarmes auraient trouvé très-facilement du renfort. Il fut donc incarcéré comme vagabond, & surtout comme prévenu de porter le nom de Sèchetrompe.

« Faute de preuves suffisantes & vérification faite de ses papiers, on allait le mettre en liberté, lorsque vinrent de Paris des instructions pour rechercher l'auteur de l'homicide volontaire commis dans le bois de Vincennes sur la personne du sieur Sèchetrompe.

« Le premier avait des papiers bien en règle; naturellement, le second n'en avait pas.

« Le détenu ne pouvait être la victime; il était probable que c'était l'assassin. Il fut transféré à Paris, jugé & condamné à mort. »

Papavoine, dont le vieux garde nous raconta également l'histoire, était un ancien employé de l'administration de la marine, qui avait donné sa démission à la fin de 1823 pour aller à Mouy, sa patrie, diriger une fabrique de draps que la mort de son père laissait sans chef. Il avait fait de mauvaises affaires & il était d'une mauvaise santé. Ce fut sous l'empire d'une affreuse hallucination qu'il tua, dans l'allée de la Tourelle, deux enfants que promenait leur mère.

« C'étaient deux jolis petits garçons, nous dit le vieux garde. J'ai connu leur nourrice, la mère Soudieu. Leur père, fils d'un entrepreneur de charronnage, les avait eus d'une charmante demoiselle, qu'il avait l'intention d'épouser. Il les avait mis en pension à Vincennes, où sa mère venait les voir une fois par semaine au moins.

« C'était le 10 octobre 1824, je m'en souviens comme d'hier. Je vois encore l'assassin tout blême, avec des yeux sombres, ayant un crêpe à son chapeau, une cravate noire et une large redingote bleue soigneusement boutonnée. Il aperçoit les deux mioches. Une pensée diabolique le saisit, et il s'en va acheter un grand couteau chez la veuve Jean, une brave coutelière qui ne se doutait guère de ce qu'il en ferait.

« Les deux enfants folâtraient sur le sable et la demoiselle Herein souriait à leurs jeux. L'homme au crêpe noir arrive et dit d'une voix sombre : « Votre promenade est bientôt finie! » Prenant alors l'un des enfants dans ses bras, comme pour l'embrasser, il le frappe & le couche sur le sable; puis se retournant du côté du second, qui accourait vers son frère, il le prend de même, le frappe, le couche encore. La pauvre femme ne savait si c'étaient des caresses ou des coups; mais quand elle vit ce qui en était, elle tomba évanouie, & je n'eus plus de ses nouvelles que lorsqu'elle parut comme témoin devant la Cour d'assises de la Seine. »

Le procès de Louis-Auguste Papavoine a donné lieu à de longues dissertations sur cette question : Le monomane mérite-t-il la mort?

Conduit presque immédiatement à la Force, Papavoine trouva moyen de s'emparer d'un couteau & d'en frapper un prisonnier nommé Labriey. Traduit devant la Cour d'assises de la Seine le 25 février 1825, Papavoine fit des réponses qui peuvent se résumer ainsi : « J'ignore comment ce malheur est arrivé. Je ne sais vraiment comment cela s'est fait. C'est une frénésie qui m'a fait commettre ces actes incompréhensibles auxquels je n'avais aucun intérêt. »

Papavoine fut condamné à mort & exécuté le 25 mars 1825.

— Qu'auriez-vous fait, si vous aviez été du jury? demandai-je au vieux garde.

— J'aurais dit : Oui, répondit celui-ci sans hésitation.

BERGERIE

DE LA FERME IMPÉRIALE

Bois de Vincennes — *Ildefonse Rousset Photo*

CHAPITRE V.

La ferme impériale. — La laiterie. — Bergeries et étables. — Paddocks. — Cultures. — Le fonds de Beauté. — Mort de Charles V. — Agnès Sorel.

Pendant cet entretien, nous nous étions approchés de la ferme impériale, & si nous n'avions été aussi près de notre station gastronomique, chez Robert, nous aurions pu déguster du lait entièrement pur, ce qui est une rareté pour les Parisiens.

Deux nouveaux mariés, accompagnés de tout leur cortége de noces, savouraient avec délices le nectar, dont la blancheur rivalisait avec celle des fleurs d'oranger qui paraient la tête & le corsage de la fiancée. Cette scène rappelait les temps bibliques, & en voyant ces braves gens humer le breuvage écumant & frais, on songeait involontairement aux mœurs pastorales & aux âges primitifs, où la robe d'innocence était toujours sans tache & où les boissons alcooliques n'étaient pas inventées.

Au reste, les nombreux groupes attablés, sous le chaume d'un élégant pavillon rustique, édifié en avant de la ferme & enjolivé de plantes grimpantes, nous attestèrent que le goût du lait pur n'était point perdu. Avec quelle satisfaction, pour se délasser de tant de vin frelaté, ils absorbaient ce liquide doux & bienfaisant! Ils ne pouvaient douter de sa pureté; ne venaient-ils pas de le voir traire? Car la ferme impériale est ouverte à tout venant. Que l'on soit versé dans la science agricole ou qu'on désire seulement s'initier à ses mystères, on peut, sans rencontrer le moindre obstacle, pénétrer dans toutes les parties de cet établissement, qui n'a rien à cacher, & dont l'organisation mérite d'être étudiée dans ses moindres détails. C'est une véritable & sincère exhibition.

La création de la ferme de Vincennes, sur l'emplacement de l'ancienne faisanderie, fut une expérience d'abord coûteuse & actuellement productive.

Le sol était ingrat; les fondateurs, à la tête était placé M. Tisserant, administrateur des domaines impériaux, comprirent qu'ils devaient procéder à la façon des anciens patriarches & s'adresser à l'agriculture pastorale, &, en effet, les bêtes ovines ou bovines contribuent à la transformation des champs sur lesquels elles vivent.

Bien qu'ils ne fussent point astreints à des dépenses rigoureusement limitées, les fondateurs s'abstinrent de fastueuses constructions. Ordre, propreté, bon aménagement, économie, telles sont les conditions que M. Tisserant & ses collaborateurs ont cherché à réaliser dans cet établissement, dont toutes les constructions peuvent offrir des modèles aux plus simples particuliers.

Les bâtiments d'administration forment la façade & sont disposés de telle sorte que, de son bureau, le directeur embrasse d'un coup d'œil l'ensemble de la ferme impériale. A droite & à gauche de la principale cour sont rangées des bergeries & des vacheries, précédées d'enclos qui permettent de combiner les avantages de l'habitation avec ceux de la liberté.

Les moutons sont de la race South-Down, & ont été achetés en Angleterre, chez lord Wolshingham & Jonas Webb, de Bubraham. La ferme impériale de Vincennes, dont le troupeau est hors ligne, vend à l'amiable des béliers. Leur prix, de 300 francs au minimum, s'est élevé jusqu'à 1,000 francs.

Les vaches appartiennent en général à la belle race des

PADDOCK

DU BOSQUET MORTEMART

Bois de Vincennes — *Ildefonse Rousset Photo*

cantons de Schwitz, de Zug & de Glaris, race à la robe grise, aux larges hanches, au dos coupé par une raie longitudinale. Les charmantes petites vaches bretonnes & les non moins mignonnes bêtes de la race d'Aïr, au pelage noir & blanc, figurent dignement à côté d'elles.

Derrière les deux lignes de constructions perpendiculaires à la façade se trouvent d'autres bergeries, une porcherie, des hangars pour y déposer les instruments aratoires. Au fond, faisant face au corps de logis où loge le directeur, règne un vaste édifice, dont le pavillon central est surmonté d'une horloge. Là sont les grandes étables, dont les stalles sont disposées des deux côtés d'une voie de deux mètres de large qui règne dans toute la longueur de l'édifice en dominant le sol où sont placés les animaux. Au milieu de cette voie, des wagons transportent, sur deux rails, la nourriture des bestiaux. Elle est déposée dans des auges placées dans des rigoles d'eau courante qui les rafraîchit sans cesse. Les animaux sont séparés de la voie par une balustrade & présentent aux gardiens & aux visiteurs leurs placides physionomies.

Dans les champs environnants sont les paddocks, c'est-à-dire des abris isolés, dans lesquels les troupeaux, fractionnés par petit nombre dans un but d'hygiène & de préservation, passent la chaude saison, sans avoir à redouter les maladies dont la principale cause est presque toujours l'encombrement.

La culture de la ferme impériale est, comme nous l'avons dit, essentiellement pastorale. Elle consiste spécialement dans les fourrages verts et secs nécessaires à l'alimentation des bestiaux, tels que les foins, les luzernes, les maïs, que l'on coupe en vert, les betteraves, turneps & rutabagas. On n'y fait de blé que pour avoir la paille indispensable aux étables.

Si nous avions eu l'honneur d'être rédacteurs de l'*Écho agricole*, nous aurions volontiers passé plusieurs jours à étudier la ferme de Vincennes, mais nous étions à peine au début de notre pérégrination. En la poursuivant, nous arrivâmes, près de Nogent, à un endroit de la route d'où nous planions, comme des hirondelles, sur des cimes d'arbres, si serrées les unes contre les autres qu'il semblait qu'on aurait pu marcher dessus. L'onduleuse masse de feuillage descendait en moutonnant jusqu'à la Marne.

« Mon appareil! cria Rousset au jeune Charles. Comme on a eu raison de nommer ce site le fonds de Beauté! »

On disait jadis le buisson de Beauté, et il avait une étendue de quatorze arpens. Il entourait un manoir dont une inscription incrustée dans les murs d'une charmante villa résume l'histoire en ces termes :

CHARLES V LE SAGE
ROI DE FRANCE ET PREMIER DAUPHIN DE VIENNOIS
ÉLEVA EN CE LIEU VERS 1375
LE CHATEAU ROYAL DE BEAUTÉ.
IL Y MOURUT LE XVIe JOUR DE SEPTEMBRE 1380.
CHARLES VII DONNA EN 1444 CE DOMAINE A AGNÈS SOREL
QUI EN PRIT LE TITRE DE DAME DE BEAUTÉ.
LA TOUR ET LES BASTIONS EN RUINE RASÉS PAR ORDRE DE LOUIS XIII
DISPARURENT VERS 1626.

Comme l'inscription le rappelle, ce fut en son *hostel de Beaulté* que Charles V fut atteint de la maladie qui l'emporta; et ce devait être une résidence considérable, car, sentant sa fin prochaine, il y convoqua tous ses barons, ses prélats, son conseil et son chancelier. Ses derniers moments ont été racontés de la manière la plus touchante par Christine de Pisan. « A la prière du seigneur de La Rivière, il bénit tous les présents, disant ainsi : « *Benedictio Dei, Patris et Filii, et Spiritus sancti, descendat super vos, et maneat semper!* » laquelle beneysson

FONDS DE BEAUTÉ

Bois de Vincennes — *Ildefonse Rousset Photo*

receurent tous à genous, à grant devocion & larmes. Puis leur dist le roy : « Mes amis, alez vous en, & priez pour moys & me laissiez, affin que mon travail soit finé en paix. » Lors, lui torné sur l'austre costé, tost après tirant à l'angoisse de la mort, oy tout l'istoire de la Passion, et auques près de la fin de l'Évangile saint Jehan commença à labourer à la derrenière fin; et à peu de frais et sanglots, entre les bras du seigneur de La Rivière, que moult chierement il aimoit, rendi l'esperit à Nostre Seigneur, environ l'eure de midi, le seiziesme jour de septembre 1380, et le quarante-quatriesme de son aage, le dix-septiesme de son règne. »

En quittant les ombrages sous lesquels ont erré Charles VII et Agnès Sorel, nous trouvons une allée majestueuse de chênes séculaires portant le nom de route de Beauté, qui nous conduit sur les bords d'un ruisseau dont les eaux claires laissent voir un fond de sable fin. De petites truites, qui promettent de devenir aussi belles que celles de la Touvre & de la Charente, courent par bandes nombreuses, avec le sans-gène de poissons habitués à la présence de l'homme. Un gazon moelleux tapisse les rives qu'ombragent d'inextricables rangées de hêtres, de tilleuls, de pins, de bouleaux, de sycomores, au milieu desquels surgissent de vieux chênes, rois de la forêt par droit de naissance & de vétusté. Cette partie du bois de Vincennes, qui s'étend de Joinville à Nogent et à Fontenay, est la portion qu'ont le plus respectée les remaniements. Les broussailles mêmes y sont d'antique date; les genêts & les fougères de nos jours descendent en ligne directe de fougères & de genêts antérieurs aux Mérovingiens. Ce ne sont pas seulement les prêtres de Sylvain qui ont dû faire des libations sous ces chênes. Les Druides y ont assurément cueilli le gui sacré, & peut-être, en cherchant bien, allons-nous retrouver au milieu des taillis les débris d'un dolmen.

En effet, nous voici sur une longue dalle qui pourrait bien être un débris druidique.

Mais à peine y ai-je posé le pied que je recule. Ma rêverie poétique est interrompue, ou du moins elle change d'objet. Je me trouve au bord d'un précipice d'où l'eau tombe en cascades magistrales dans un lac limpide. Sommes-nous en Suisse ou dans les Vosges?

Cinquante hectares du bois venaient d'être aliénés par l'État pour la création du chemin de fer de Paris à la Varenne. Le gouvernement conçut l'idée de donner un pendant au bois de Boulogne, & de nombreux ouvriers, payés par la liste civile impériale, creusèrent dans l'ancien enclos du couvent des Minimes un lac de six hectares, au milieu duquel trois grandes îles furent ménagées. Il fut alimenté d'abord par l'eau d'un ruisseau, puis plus tard par la rivière de Joinville, qui prend naissance dans le lac de Gravelle. Des routes sinueuses furent tracées sur les rives; un ancien pavillon, occupé par l'état-major de la gendarmerie des chasses, fut transformé en un restaurant qui ne tarda pas à attirer une foule de consommateurs.

Le sol sur lequel ce beau lac est creusé avait été donné, en l'année 1164, par Louis VII à des religieux de l'ordre de Grandmont, vulgairement appelés Ermites ou Bons-Hommes. Ils firent construire un couvent qu'un de leurs abbés, François de Neuville, échangea avec Henri III contre une maison à Paris, rue Saint-André-des-Arcs, où les Bons-Hommes vinrent tenir le collége Mignon.

S'il faut en croire les pamphlets du temps de la Ligue, Henri III n'avait dépossédé les moines que pour installer dans ce séjour solitaire un atelier de sorcellerie où il tenait de mystérieuses assemblées & faisait des oblations au diable, en compagnie de d'Espernon, de Saint-Mégrin, de plusieurs

LES CASCADES

DU LAC DES MINIMES

Bois de Vincennes — Ildefonse Rousset Photo

autres courtisans, & de cabalistes, magiciens & sorciers convoqués tout exprès. Le curé Lincestre signala en chaire ces pratiques, le mercredi des cendres de l'année 1589. « Il dit en son sermon, d'après le *Journal* de l'Estoile, qu'il ne leur prescheroit point l'évangile de caresme, parce qu'elle estoit commune, et que chacun la scavoit, mais qu'il leur prescheroit la vie, gestes & faits abominables de ce perfide tyran Henry de Valois, contre lequel il desgorgea une infinité de vélenies & injures, disant qu'il invoquoit les diables.

« Et pour le faire ainsi croire, tirait de sa manche un des chandeliers du roy, que les Seize avaient desrobé, et auquel il y avoit des satyres engravez, il affermoit estre les démons que ce misérable tyran adorait pour ses dieux & s'en servoit en ses incantations. »

Ces chandeliers étaient d'argent doré. Ils avaient été trouvés au couvent des Bons-Hommes, & furent décrits dans un opuscule intitulé *les Sorcelleries de Henri de Valois & les oblations qu'il faisait au diable dans le bois de Vincennes*, imprimé chez Didier-Millot, près la porte Saint-Jacques. « C'étoient, dit l'auteur, deux satyres, tenant chacun en la main gauche & s'appuyant dessus, une forte massue; & de la droite soustenant un vase de chrystal pur & bien luisant. Dans ces vases y avoit des drogues inconnues qu'ils avoyent pour oblation. Encores, outre ces deux figures de diables, a esté trouvée une peau d'enfant, laquelle estoit corroyée, & sur icelle y avoit plusieurs mots de sorcellerie & divers caractères dont l'intelligence n'est requise aux Catholiques; & si ce roy alloit tant souvent au bois de Vincennes, n'estoit que pour vaquer à ses sorcelleries & non pour prier Dieu. »

Il est présumable que le monastère, ainsi profané, fut purifié, car les Hyéronimites appelés de Pologne par Henri III n'hésitèrent pas à s'y installer. Plus tard, ils furent remplacés par des Cordeliers, qui furent enfin remplacés par des Minimes tirés du couvent de Nigeon. Ceux-ci, entrés en possession le 17 octobre 1585, furent supprimés par arrêt du conseil d'État le 17 mars 1784.

Ils avaient strictement proportionné l'insignifiance de leurs œuvres à l'humilité de leur qualification. Les disciples de saint François de Paul avaient été littéralement les derniers et les moindres des serviteurs de Dieu. Tout ce que leur église offrait de remarquable, c'était un tableau de Jean Cousin, le *Jugement dernier*, actuellement au musée du Louvre : composition bizarre et grandiose, dans laquelle on voit les morts se réveiller, les pécheurs entraînés par des bandes diaboliques, les élus accueillis par des anges, & dans le ciel le Christ entouré de la milice céleste, tenant à la main une faucille et les pieds posés sur le globe.

L'enclos circulaire des Minimes comprenait quarante-sept arpents; on le conserva & l'on abattit une partie des bâtiments conventuels, dont le reste fut occupé par le garde général. Le duc de Montpensier, officier d'artillerie, en garnison à Vincennes, y donna, le 7 juillet 1847, une fête magnifique à laquelle assistaient le duc et la duchesse d'Aumale, la duchesse de Nemours, la reine Christine, le maréchal Narvaez. Ministres, pairs, députés, membres de l'Institut, écrivains, diplomates, officiers supérieurs, artistes, élèves des écoles spéciales, s'y rendirent en sortant d'une école de tir par laquelle avaient été inaugurés les récents agrandissements du polygone.

Trois mille invitations avaient été lancées, & personne ne manquait à l'appel. Les dames étalaient de fraîches & somptueuses toilettes. Une tiède atmosphère, que tempérait la brise du soir, favorisait cette fête, une des plus splendides qui aient été données, non pas seulement à Vincennes, mais dans les résidences princières de l'Europe. A

LAC DES MINIMES

Le Bois de Vincennes

Ildefonse Rousset Photo

LES MINIMES

Bois de Vincennes *Ildefonse Rousset Photo*

l'entrée de l'enclos, l'artillerie avait édifié une sorte d'arc de triomphe avec des canons, des mortiers, des faisceaux de lances et des drapeaux. Au pied de chaque arbre de la grande avenue des Minimes, dont les branches s'élèvent vers les cieux comme les colonnettes d'une cathédrale, des statues d'anciens preux, à pied ou à cheval, revêtues de leurs armures, étaient rangées à l'instar de celles de la célèbre salle d'armes de la tour de Londres. Sous d'élégantes tentes étaient disposés des orchestres, des divans, des tables de jeux, des buffets, des corbeilles de fleurs rares, & des milliers de verres de couleur éclairèrent les danses jusqu'au matin. Certes, aucun des témoins de ces magnificences ne soupçonnait l'imminente catastrophe de 1848.

Ce fut le dernier beau jour de l'enclos des Minimes. De ses deux portes, la porte noire & la porte jaune, il ne reste que le pavillon dont celle-ci était flanquée, & où le restaurant s'est installé. Deux autres bâtiments qui étaient placés de chaque côté de la cour d'honneur, ont été conservés pour servir d'habitation à une brigade des gardes. Ils ont, malgré leurs transformations, conservé une élégante physionomie. La grande avenue de marronniers qui les précède n'a rien à envier aux plus belles des anciennes résidences royales.

CHAPITRE VI.

La porte de Fontenay. — En plein bois. — Les suicides. — Effets des étrennes et du carnaval. La guérite fatale. — Achon et Matas. — Les duels.

Du lac des Minimes nous revenons à la porte de Fontenay, dont la maison du garde est un type de chalet gracieux

& commode, & l'on en peut dire autant de l'habitation voisine, qui appartient à un aimable & savant publiciste, M. Hector Malot, rédacteur de *l'Opinion nationale*. Les remaniements du bois ont laissé disponibles des terrains dont l'aliénation a été autorisée & qui se sont couverts de constructions. Nous avons pu voir, par exemple, en longeant la station de Nogent-sur-Marne, à la place occupée autrefois par des taillis, un spacieux édifice qu'à sa chapelle, enclavée dans les bâtiments, on pourrait prendre pour un monastère. C'est une institution de demoiselles. Elle est remarquable, unique peut-être, en ce que l'architecte, M. Osselin, l'a disposée tout exprès. D'ordinaire les éducateurs de la jeunesse prennent à bail une maison quelconque qu'ils adaptent approximativement à sa destination. M. Osselin a entrepris de créer une habitation à usage de pensionnat, avec classes, salles d'études ou de récréation, réfectoire, dortoirs, église, enfin tout ce qu'exigent les besoins moraux, intellectuels & matériels des élèves. C'est une tentative heureuse & qui mérite d'être imitée.

Nous nous écartons du chemin de fer pour pénétrer dans le bois, à la recherche des allées les plus ombreuses, des sentiers les plus sinueux, des chutes d'eau les plus pittoresques : voyage indescriptible, charmant. Si je n'avais arrêté Ildefonse, il eût planté son appareil devant tous les buissons.

« Regarde! quel admirable jeu d'ombres & de lumières! Quel effet que celui des avenues terminées par une arcade à plein cintre, sous laquelle resplendit l'azur du ciel! Comme l'image renversée de ces arbres est pure dans l'eau! Que ces bosquets sont frais & touffus!

— Il y en a pourtant où se sont passées d'assez tristes scènes, interrompit le vieux garde qui nous avait suivis. Pas

ENTRÉE DE FONTENAY

PAVILLON DU GARDE

Bois de Vincennes

Ildefonse Rousset Phot.

plus tard qu'hier, on a décroché, pendu à un chêne avec sa cravate d'uniforme, un homme qu'on a su avoir trente-trois ans, & être libéré du service militaire depuis le 6 janvier dernier. A propos de quoi s'est-il suicidé? c'est un mystère. L'hiver dernier, on trouvait pendus, l'un en face de l'autre, deux cordonniers, le père & le fils, qui s'étaient tués parce qu'ils n'avaient pas de quoi vivre.

— Après tout, c'est une raison.

— Comment! s'écria Rousset, dans ce bois transfiguré, où tout inspire des idées riantes, les gardes ont encore à constater des suicides?

— Infiniment moins qu'autrefois. La moyenne est de douze par an, presque tous après les étrennes ou le carnaval, dans les premiers jours de janvier ou le mercredi des cendres, & elle diminuera inévitablement, parce que ceux auxquels prend la fantaisie de se détruire cesseront de se diriger par ici. L'allée des pendus ne conserve son nom qu'à cause du passé.

« Le suicide, voyez-vous, est une vraie maladie épidémique. Vous connaissez l'histoire d'une guérite où un soldat de faction s'était brûlé la cervelle avec son fusil, dont il avait pressé du pied la détente. Une autre sentinelle l'imita, puis une troisième. On en fit un rapport à Napoléon Ier, qui vint en personne examiner la guérite, en fit le tour, les mains croisées derrière le dos, & remonta brusquement à cheval en disant à Duroc : « Vous la ferez brûler! » Eh bien, nous avons eu, dans le bois de Vincennes, un chêne fatal, un arbre-guérite. Il était conformé de telle façon qu'il attirait les gens las de la vie. Quand ils faisaient une station sous ses branches, ils ne manquaient pas de lever le nez en l'air, & de se dire : « En voici un qui ferait bien mon affaire! » & cinq minutes après, ils s'étaient pendus.

— C'était, comme disent les Napolitains, un chêne qui avait le mauvais œil.

— Aussi, reprit le vieux garde, nous nous en sommes débarrassés; nous aurions fini par gagner sous son ombre la maladie du suicide. »

Nous interrogeâmes aussi le vieux garde sur les duels dont le bois de Vincennes avait été le théâtre. Le plus ancien dont j'eusse souvenance remontait à l'année 1559. Deux gentilshommes qui suivaient François II à la chasse aux daims, le jeune Achon, neveu du maréchal de Saint-André, & le vieux Matas, parent de Diane de Poitiers, se prirent de querelle & engagèrent un combat que Brantôme rapporte ainsi dans ses *Mémoires touchant les duels :*

« S'estant retirez à part du roy & de la chasse, dans les mesmes parcs, ils se mirent à se battre sur la motte qui est là. Matas, qui estait un vieux routier d'armes & qui en avoit faict preuve ailleurs que là, vint à mener & pourmener le jeune Achon de tel poincte, qu'il luy fit voller l'espée hors des mains, & le voyant là, réduict, sans le poursuivre autrement, lui dict : — Va, jeune homme, apprends une autre fois à tenir mieux ton espée, & à ne t'attaquer point à un tel que moy. Amasse ton espée; va-t'en, je te pardonne, & qu'il n'en soit plus parlé, jeune homme que tu ez!

« Et s'en tournant pour monter à cheval, sans y penser, Achon ayant amassé son espée courut après luy, & luy donna un grand coup d'espée à travers le corps, & du coup tomba tout roide mort par terre.

« Et n'en fut autre chose, parce que Achon estoit nepveu du maréchal de Sainct-André, & l'autre parent de Mme de Valentinois, qui, par la mort du roy Henry, avoit perdu tout son crédit. »

« C'était un vrai assassinat, reprit le vieux garde, quand

SENTIER DE LA COMBE AU PENDU

Bois de Vincennes *Ildefonse Rousset Photo*

j'eus raconté cette histoire. On nous parle sans cesse de la loyauté des anciens jours. La nôtre est de meilleur aloi. Je ne trouverais pas un seul fait pareil à celui que vous venez de conter dans les duels contemporains dont je possède la liste. »

Et, tirant de sa poche un portefeuille rapé, bourré de papiers hétérogènes, parmi lesquels il prit quelques feuillets jaunis : « La voici, ajouta-t-il. Elle commence bien tristement, le 22 juillet 1836, par le duel où Carrel succomba. Au mois d'avril suivant, un député, M. Mathieu de la Redorte, échange un coup de pistolet avec le rédacteur en chef du *Corsaire,* M. Viennot, qu'il blesse à la main.

« En voici deux qui se battirent au mois de juin 1839, & dont je n'ai jamais connu que les prénoms : Henri & Charles. C'étaient deux jeunes officiers, sortis de Saint-Cyr.

« Ils se rencontrent un soir sur le boulevard des Italiens, au milieu d'un groupe de communs amis.

« Henri tend la main à son camarade.

— Je ne la prends pas, dit celui-ci d'un ton sec.

— Pourquoi ?

— Parce qu'à l'école, je vous ai donné deux soufflets & que vous ne m'avez pas demandé raison.

— Moi !

— Vous-même.

— Mon ami, tu rêves.

— Je ne suis pas votre ami, & je ne rêve pas.

« La discussion s'échauffe, les camarades s'interposent, certifient à Charles qu'il est dans l'erreur, & l'engagent à se rétracter. Il ne veut rien entendre & force le prétendu souffleté à lui demander raison.

« Le lendemain, ils étaient ici. Charles était en proie à une agitation violente ; pendant que les témoins chargeaient les pistolets, il s'écriait avec impatience : « On n'en finira donc pas! »

« Les deux adversaires furent placés à vingt-cinq pas. Henri, que le sort avait désigné pour tirer le premier, fit feu, & Charles tomba, atteint en haut de la cuisse droite. La voiture qui l'avait amené le remporta tout sanglant, & il mourut en route, sur la place de la Bastille. Il était deux heures de l'après-midi ; les ouvriers qui flânaient sur cette place en mangeant un morceau ou qui regardaient les saltimbanques, ne se doutaient guère que dans le fiacre qui passait il y avait un homme qui rendait l'âme. »

Le vieux garde nous débita encore d'autres histoires de duels, plus ou moins tragiques. Il en savait des centaines; il avait reçu vingt mourants dans ses bras : malheureuses victimes d'un préjugé que tous les philosophes du monde n'ont pu détruire, même avec le puissant concours de la jurisprudence de feu M. Dupin. Il nous parla du duel de MM. Schœlcher & Pécoul, commencé au bois de Boulogne, interrompu par la police, & continué au bois de Vincennes, heureusement sans effusion de sang. Il n'oublia pas, à la date du mois de janvier 1850, le duel d'Auguste Lireux & d'Alexandre Weill, qui crurent devoir s'envoyer des balles à la tête après une discussion qu'ils avaient eue au divan Le Peletier, ce café actuellement détruit qui fut un moment la doublure de l'ancien café Procope. Notre cicérone nous parla aussi du duel de M. Charles Blanc avec M. Francis Lacombe.

Celui-ci avait donné à *l'Assemblée nationale* un article dans lequel Louis Blanc était assez malmené. Charles Blanc épousa la cause de son frère absent, prit pour témoins MM. de Nieuwerkerke & Méry, & vint au bois de Vincennes, par une belle matinée de juin, rejoindre son adversaire, qui avait pour témoins MM. de Calonne & de Montépin.

DONJON DE VINCENNÉS

Bois de Vincennes — *Ildefonse Rousset Photo*

Lorsque le signal eut été donné, les deux coups partirent à la fois. Atteint d'une balle dans la région du cœur, Francis Lacombe tomba, mais pour se relever aussitôt.

La balle s'était aplatie sur son porte-monnaie.

« Ma foi, dit Méry, voilà de l'argent bien placé ! »

CHAPITRE VII.

Château de Vincennes. — La Pissotte. — Le Vincennes moderne. Annales du château.

Le bois se raréfie, la voiture photographique passe entre le fort, qui fut autrefois un château royal, & la ville de Vincennes, qui fut autrefois un humble hameau, appelé la Pissotte, & dont les masures éparses couronnaient un monticule maintenant considérablement aplani.

Ici, nos connaissances philologiques ne se trouveront pas en défaut, & nous pouvons affirmer que le nom de Pissotte vient du latin *podium saltus* (la colline du bois).

Le mot *podium*, en langue romane *puy*, a été maintenu pour la désignation d'un grand nombre de localités. Le Puy-en-Velay (*Villavorum podium*), le Puy-Guillaume (*podium Guillelmi*), le Puy-Sainte-Reparade (*podium sanctæ Repartæ*). Pour d'autres, il a été altéré par la prononciation, & de *Puy-Sault* on a fait Pissot dans le département de la Dordogne, Pissotte en Vendée, sur la lisière de la belle forêt de Vouvant, & la Pissotte à Vincennes.

Aujourd'hui, Vincennes est un chef-lieu de canton & de justice de paix, qui compte environ neuf mille âmes, & dont la viabilité s'améliore chaque jour par les soins du maire,

M. Aubert, & d'un conseil municipal plein de zèle. Le fort, où est accumulé un immense matériel, en fait une place de guerre de première classe.

Nous pénétrons sous la sombre voûte de la cour d'entrée. A notre gauche sont la tour du réservoir, la salle d'armes, & la chapelle, dont les dentelles, les rosaces, les baies trilobées, les pignons à crosses, rivalisent d'élégance avec les ornements de la Sainte-Chapelle de Paris. Plus loin s'étend l'imposante façade de l'ancienne résidence royale, & à droite se dresse fièrement le donjon avec son revêtement de pierre de taille, ses cinq étages de cellules, ses murs de 52 mètres de hauteur & de 3 mètres d'épaisseur, & sa plate-forme d'où tant d'illustres prisonniers ont contemplé la campagne. Les boulets & obus entassés, les caissons, les canons rayés ou non rayés, nous serrent de si près dans cette enceinte que notre automédon novice, Gabriel, ne peut s'empêcher de s'écrier, dans le langage nautique qui lui est familier : « Nous sommes dans une rape ! »

Et au moment où nous allons mettre pied à terre, voyant un équipage du train qui lui barre le passage, il ajoute machinalement pour l'inviter à se garer :

« Ohé, du bachot ! »

C'est l'appareil militaire des temps modernes qui frappe le plus ceux qui visitent le fort de Vincennes ; mais il est impossible de s'y arrêter sans être assailli par la foule pressée des grands souvenirs historiques.

Le bois est très-antérieur au château édifié par Philippe-Auguste, dont l'unique but, en le construisant, était de s'assurer un refuge pendant la chasse. Un fait remarquable, c'est que les plus belles & les plus célèbres résidences princières de France ont débuté comme Vincennes, & il suffit d'en citer pour preuves Fontainebleau, Saint-Germain, Compiègne,

Rambouillet, Chambord, Versailles, Chantilly. La forêt précède le château.

Le pieux Louis IX y fait bâtir une petite chapelle, où, en 1239, il met en dépôt la couronne d'épines, qu'il avait achetée aux ministres de Baudouin, empereur d'Orient. Le 18 août, le roi, assisté de ses frères, pieds nus & tête nue, la porte depuis Vincennes jusqu'à Notre-Dame de Paris & de là au palais. Chemin faisant, il trouve réunis à l'abbaye Saint-Antoine-des-Champs les chapitres & monastères de Paris & de Saint-Denis, avec leurs plus précieuses reliques, qu'ils inclinent devant celle qui, à leurs yeux, les surpassait toutes.

Louis IX venait souvent à Vincennes, seul ou avec sa famille. Aux termes d'une dotation du mois d'avril 1248, toutes les fois que le roi était au manoir, le chapelain avait quatre pains, un sextier de vin, quatre deniers pour sa cuisine & deux toises de chandelle par jour. Ce fut de Vincennes que l'infatigable croisé partit pour son second voyage d'outre-mer, & que, la même année, sa veuve reçut les compliments de condoléance d'Étienne Tempier, évêque de Paris.

Les noces de Philippe le Hardi avec Marie de Brabant furent célébrées à Vincennes en 1274; mais les annales du manoir mentionnent plus de morts que de mariages. Jeanne, reine de Navarre & comtesse de Champagne, femme de Philippe le Bel, y termina ses jours, le 2 avril 1305, à l'âge de trente-trois ans. Par une bizarrerie du sort, les princes, princesses ou hommes célèbres qui décédèrent au château de Vincennes, furent tous prématurément frappés. Louis X le Hutin, mort le 4 juin 1316, n'avait que vingt-sept ans.

Sous son règne, le manoir de Vincennes avait été inauguré comme prison d'État. Une nombreuse assemblée de prélats & de seigneurs, sous la présidence du roi, y fit comparaître devant elle Enguerrand Leportier de Marigny, surintendant des finances, accusé d'avoir altéré les monnaies, pressuré les peuples, dégradé les forêts, soustrait des sommes considérables, entretenu des intelligences avec les Flamands, & surtout placé sa statue sur l'escalier du Palais, en face de celle du roi. « Si, ne lui fut en aucune manière audience donnée de soi défendre, & il fut ramené au Temple ferré en bons liens & anneaux de fer, & gardé très-diligemment. » Ainsi disent les chroniques, & elles ajoutent que le malheureux Enguerrand, accusé d'avoir pratiqué des opérations magiques « pour envoûter, amuser, sécher, déchirer, & en brief faire « mourir le roi de male mort, » fut ramené à Vincennes & condamné au gibet.

C'était en 1315; & comme si Enguerrand eût réellement *envoûté* Louis X, celui-ci, après s'être échauffé à jouer à la paume au bois de Vincennes, eut l'imprudence de se mettre au frais dans une grotte, & gagna un refroidissement qui l'emporta. Où était cette grotte? Nous n'avons pu la découvrir. Elle n'aura pas échappé aux remaniements du bois, à moins qu'elle n'orne modestement quelque jardin particulier.

Charles le Bel, mort à Vincennes le 1er février 1327, n'était âgé que de trente-quatre ans. Il convoqua les grands barons autour de son lit de mort : « Je donne, leur dit-il, la régence à Philippe de Valois. Si la reine, qui est enceinte, accouche d'une fille, vous adjugerez la couronne royale auquel il appartiendra. Si elle enfante un fils, je ne doute pas que vous le reconnaissiez pour roi. » Et, suivant l'expression d'un poëte contemporain, il goûta la mort amère :

Æde Vicenarum lethum gustavit amarum.

Sous Philippe de Valois, il y eut à Vinçennes une espèce de concile. Il y convoqua une assemblée d'évêques, d'abbés, de docteurs en théologie, pour examiner la doctrine qu'avait imaginée le pape Jean XXII : « La vue de Dieu, dont jouissent les âmes bienheureuses dans le ciel, ne sera parfaite & absolue qu'après le jugement dernier. »

Deux légats avaient mission de soutenir la proposition pontificale; mais l'assemblée décida à l'unanimité que, depuis la mort de Jésus-Christ, les fidèles jouissent de la vue parfaite & absolue de Dieu, & que la résurrection générale ne change rien à leur félicité. Singulière preuve des libertés de l'Église gallicane, que la condamnation d'un pape par des prélats français !

Philippe, depuis duc d'Orléans, second fils de Philippe VI & de Jeanne de Bourgogne, naquit au château de Vincennes le 19 juillet 1336. « Ce jour-là, dit l'historien Mézeray, il s'éleva dans l'air un orage épouvantable de vent, d'éclairs & de tonnerres, qui ébranla le château, brisa le lit de la reine, déchira ses rideaux, déracina une prodigieuse quantité d'arbres, & tua plusieurs hommes à la campagne. Si ce prodige signifiait quelque chose, ce n'était pas à l'égard de l'enfant qui naissait : sa vie ne fit pas assez de bruit dans le monde pour mériter de semblables présages; mais il semblait pronostiquer cette furieuse tempête qui se formait en Angleterre contre la France, & qui y causa de si horribles dégâts, qu'il a fallu plus d'un siècle pour les réparer. »

Philippe de Valois commença le donjon, que ses successeurs achevèrent, comme l'attestait une inscription gravée sur une plaque de marbre au-dessus de la porte d'entrée, & qui a malheureusement disparu :

Qui bien considère cet œuvre,
Si comme se montre et décœuvre
Il peut dire que oncque à tour,
Ne vit avoir plus bel atour.

La tour du bois de Vinciennes,
Sur toutes neufves et anciennes
A le prix. Or, sçavez en ça,
Qui la parfit ou commença.
Premièrement, Philippes, Roys,
Fils Charles, comte de Valois,
Qui de grand prouesse abonda.
Jusques sur terre la fonda,
Pour s'en soulacier et esbattre,
L'an trois cens trente-trois et quatre.
Après vingt et quatre ans passez,
Et qu'il étoit jà trépassez,
Le roi Jean profilt cet ouvrage,
Fit lever jusqu'au tiers étage.
Dedans trois ans par mort cessa;
Mais Charles Roy son fils laissa,
Qui parfit en bonnes saisons,
Tours, ponts, braye, fossés, cloisons.
Né fut en ce lieu délitable,
Pour ce l'avoit plus agreable,
De la fille au roy de Behaigne;
E tot à épouse et compaigne,
Jeanne, fille au duc de Bourbon,
Pierre en toutes valeurs si bon.
De lui il a noble lignie,
Charles le Delphin et Marie.
Mestre Philippe Ogier temoigne
Tout le fait de cette besoigne.
Achevons; que chacun supplie
Qu'en ce mond' leur bien multiplie,
Et que les nobles fleurs de lis,
Ès saints cieux aient leurs délis.

Non-seulement Charles V acheva le donjon, mais encore il mit en face une Sainte-Chapelle, imitation de celle de Paris, & dans ce temple, dédié à la Trinité & à la Vierge, il installa un chapitre composé d'un trésorier, d'un chantre, de sept chanoines, de quatre vicaires & de deux clercs, tous relevant immédiatement du pape.

« Ce sage roy, dit son historiographe Christine de Pisan, manda & par-devant lui fit venir au bois de Vincennes, le mardi 16 novembre 1398, plusieurs prélats, tant archevesques que évesques, comme abbez & autres sages clercs & maistres en théologie, docteurs & savans es lois, & plusieurs autres sages de son conseil, chevaliers & autres. »

Le grand schisme d'Occident avait commencé. Deux papes se disputaient la tiare. Urbain VI trônait à Rome; Robert de Genève, reconnu sous le nom de Clément VII par un assez grand nombre de princes chrétiens, avait établi son siége à Avignon. L'assemblée de Vincennes était convoquée pour opter entre les deux concurrents, &, après avoir juré sur l'Évangile de dire sans faveur ce qui lui semblait devoir être fait, elle se prononça pour Robert de Genève.

Aurait-on pu croire que ce séjour, sanctifié par de pieuses réunions, verrait les débauches d'Isabeau de Bavière & de ses dames d'honneur? C'était au château de Vincennes qu'en l'an 1408 elle recevait son amant, le capitaine Bosrédon. Le connétable d'Armagnac en prévint Charles VI, &, un soir, dans une allée du bois, le mari & l'amant se rencontrèrent. Au lieu de descendre de cheval pour saluer le roi, conformément à l'étiquette, le capitaine passa rapidement, comptant que les ténèbres, qui commençaient à s'épaissir, protégeraient son incognito. Quelques heures après, des gardes s'étaient rués sur lui, l'avaient garrotté & jeté à la Seine, cousu dans un sac de cuir sur lequel étaient écrits ces mots : « Laissez passer la justice du roi. »

Henri V, roi d'Angleterre & de France, mourut au château de Vincennes, à l'âge de trente-quatre ans, le 31 août 1422. Il venait au secours du duc de Bourgogne contre le dauphin, quand il fut atteint d'une pleurésie à Melun. De là il fut transporté en litière au château de Vincennes, où furent mandés en toute hâte le duc de Bedford & Warwick. Après sa mort, on fit subir à son corps des préparations pareilles à celles auxquelles fut soumis jadis le vieil Æson. Ses entrailles furent enterrées en l'église de Saint-Maur-les-Fossés, où elles doivent être encore sous quelque dalle ou derrière quelque pilier. Le reste du corps fut présenté à Saint-Denis, puis transféré à l'abbaye de Westminster.

Pendant les guerres à la suite desquelles les Anglais furent chassés de France, le château de Vincennes fut pris & repris; Charles VII le céda à messire Jacques de Chabannes, en stipulant qu'il pourrait le racheter moyennant la somme de vingt mille écus, qu'il lui paya en effet dix ans plus tard.

Grand amateur de la chasse, sur laquelle il a écrit un traité, Charles IX se délassait souvent à Vincennes des sombres préoccupations de la politique; il avait disposé près de la porte de Saint-Mandé une ménagerie avec un cirque où les bêtes féroces étaient lâchées & mises aux prises les unes avec les autres; miné par la phthisie, il vint respirer l'air pur de Vincennes, le 1er mai 1574. Le 8, il s'alita & il expira le 30, après avoir signé, en présence du roi de Navarre, du duc d'Alençon & du cardinal de Bourbon, les lettres patentes qui conféraient la régence à sa mère. Il était à peine âgé de vingt-cinq ans & en avait régné plus de treize. Jeune homme & vieux roi!

Le *journal* de l'Estoile porte que « le lundy 31 mai 1574, les présidents & conseillers de la cour du parlement allèrent au chastel de Vincennes supplier madame Catherine de Médicis d'accepter la régence & d'entreprendre le gouvernement du royaume, en l'absence du roy Henry, son fils, estant en Pologne. »

Sous Henri III, Jean-Louis de Nogaret, duc d'Épernon, que le même *journal* qualifie de premier mignon du roy, épouse, au château de Vincennes, le 23 avril 1587, Marguerite de Foix, comtesse de Candales.

Le château reprend un rôle militaire au milieu des désordres qui précèdent & suivent la mort de Henri III. Il est défendu par le capitaine Saint-Martin contre le duc de Mayenne, qui s'en empare après un long blocus & un siége mené lentement. Voici ce qu'en dit, dans ses notes, Pierre Fayet, greffier de la prévôté d'Étampes.

« Le dimanche, dix-septième décembre 1589, le chasteau du bois de Vincennes fut sommé de se rendre, ce que refusa faire le capitaine Saint-Martin, qui commandoit dedans.

« Ce qui fut cause que le lundy et mardy en suivant, il fut battu, par le devant du donjon, de douze pièces de batterye, de telle sorte que, sur les quatre heures du soir, il y eut commencement de brèche, & fut icelle agrandie de deux toises de large ou environ.

« Ce qui fut cause que le mardy, vingtiesme du dit mois, pour n'avoir que environ quatre-vingts soldats, & hors d'espérance de secours, il se rendit par composition, bagues sauves, luy & ses soldats, qui furent conduicts à Senlis.

« Il fut tiré contre le dit chasteau cinq cents coupts de canon.

« Cependant que le bois de Vincennes se battoit, la rivière crut si grande que l'eau passoit sur la chaussée de Sainct-Antoine-des-Chams, & jusque le chasteau fut rendu. »

Henri IV s'en empara le 25 mars 1591. Il y fit, après la pacification, des embellissements que complétèrent ses successeurs, en appelant à y contribuer glorieusement Philippe de Champagne, Levau, Dorigny, Manchole, Berzoni & de Sène. Vincennes était déjà une demeure vraiment royale, lorsque le traité des Pyrénées y fut ratifié, en 1659, lorsque Mazarin y mourut, le 9 mars 1661; & Louis XIV la laissa si somptueuse, si bien aménagée, qu'il crut devoir en recommander le séjour à son petit-fils, de préférence à Versailles. Il disait dans un codicille de son testament : « J'ai nommé M. le maréchal de Villeroy gouverneur du roi, & j'ai marqué quelle doit être son autorité dans ladite fonction.

« Mon intention est que, du moment de mon décès jusqu'à ce que l'ouverture de mon testament ait été faite, il ait toute l'autorité sur les officiers de la maison du jeune roi, & sur les troupes qui la composent. Il ordonnera aux dites troupes, aussitôt après ma mort, de se rendre au lieu où sera le jeune roi, pour le mener à Vincennes, l'air y étant très-bon. »

Ne dirait-on pas qu'il s'agit d'un prisonnier recommandé aux gendarmes? Les troupes placées sous les ordres du maréchal de Villeroy iront prendre Louis XV pour le mener à Vincennes! L'enfant que le hasard de sa naissance appelle au trône n'a pas le choix de sa résidence. Il faut qu'il suive des soldats qui s'empareront de lui pour le conduire à Vincennes. Il est vrai que l'air y est si bon!

Bien qu'une partie du testament du grand monarque eût été annulée par le Parlement, la clause relative à l'internement de son successeur fut scrupuleusement observée. Louis XV, devenu roi à l'âge de cinq ans & demi, le 8 septembre 1715, s'installa à Vincennes avec son gouverneur & la duchesse de Ventadour, sa gouvernante, & n'en sortit que le 2 janvier 1716, pour venir habiter le palais des Tuileries.

Le château de Vincennes était alors dans toute sa splendeur, & l'Europe entière l'admirait. Un touriste allemand, qui vint en France à cette époque, & qui publia ses impressions de voyage à Leyde, chez Théodore Haak, sous le titre de *Délices de la France,* parlait ainsi de Vincennes : « Ce lieu de plaisance est une place entourée de bons fossés, & de huit grosses tours quarrées pour sa défence. La cour est fort spatieuse & fort belle. On voit à côté la sainte & royale chapelle, dédiée à l'honneur de la très-sainte Trinité & à la bienheureuse Vierge Marie par le roi Charles V, lequel y fonda quinze chanoines pour y faire l'office. On mit encore en ce lieu les chaînes de Paris, que Charles VI fit enlever pour les mettre ici, afin de punir la révolte de cette ville. Ce séjour est si agréable par les belles promenades qu'il y a dans les bois, les messieurs de Paris trouvent cette forêt si charmante, qu'ils y vont en foule tous les soirs en été, pour y prendre le frais, de sorte qu'on y voit une infinité de carrosses, de chaises & de calèches, remplis de gens qui viennent pour s'y divertir, & une si grande quantité de personnes bien faites, qu'on diroit que c'est le séjour des Grâces & des Muses. Il y a tant de plaisir d'entendre ces confusions de voix & de paroles, & les bruits sourds causés par tant de gens, qu'on est ravi de s'y trouver. »

Pour mieux attirer la foule, une vaste terrasse, d'où l'on jouissait d'une vue admirable, fut déblayée & nivelée dans le haut du bois, sur le bord du coteau qui domine la Marne, près de l'emplacement où se trouve actuellement le kiosque de Gravelle, & les Parisiens y assistèrent pour la première fois au spectacle des courses de chevaux, importé d'Angleterre; mais le roi s'étant éloigné, les carrosses, les chaises, les calèches prirent une autre direction, & la solitude se fit autour du vieux manoir abandonné. Mme de Pompadour eut la fantaisie d'y établir une manufacture de porcelaine, dont le privilége exclusif fut accordé au sieur Charles Adam; mais les ateliers furent promptement transférés à Sèvres, & le château de Vincennes ne fut plus qu'une prison.

Le donjon avait reçu accidentellement d'illustres détenus, comme l'amiral Chabot, le duc de Vendôme, le maréchal Jean-Baptiste d'Ornano, qui y mourut le 2 septembre 1626; le prince de Condé, qui y expia, en 1650, sa participation aux troubles de la Fronde; mais Louis XV, ses ministres & ses favorites assignèrent au donjon une désignation spéciale, que

Louis XVI lui garda jusqu'en 1784. Le Régent y avait envoyé MM. de Clermont & de Polignac, trop ardents partisans des princes légitimes, & quatre inconnus impliqués dans la conspiration de Cellamare; puis vinrent, en 1723, Claude Le Blanc, secrétaire d'État de la guerre, accusé de concussion; en 1737, l'abbé Pucelli, conseiller au parlement, pour résistance aux ordres du roi. C'était à propos des querelles théologiques soulevées par le jansénisme : querelles qui donnèrent pour compagnons de captivité au courageux parlementaire les oratoriens Jourdain, Boyer & Gaspard Terrasson, le sous-diacre Marc-Antoine des Essarts, Nicolas Cabrisseau, ancien curé de Reims. Puis vinrent : Louis-Joseph de Vendôme, soupçonné d'avoir composé une satire intitulée *les Trois Maries;* La Roche-Guérault, auteur de *la Voix des persécutés;* Crébillon fils; Pompignan; de Mirabelle, coupable d'avoir colporté des vers contre Mme de Pompadour; le prince Charles-Édouard, fils du prétendant; Henri Mazers de Latude, si connu pour avoir possédé le génie des évasions; Diderot; Le Prévost de Beaumont; Mirabeau, dont le nom efface tous les autres. Il s'était réfugié à Amsterdam, après avoir enlevé Sophie de Ruffey, femme du marquis de Monnier, ancien président de la chambre des comptes de Dôle. Arrêté par les agents de la police française & amené au donjon, le 25 mai 1777, il y resta jusqu'au 17 décembre 1780. Pour occuper ses loisirs & donner une pâture à sa dévorante activité, il composa dans sa prison les *Lettres à Sophie*, l'*Erotica Biblion*, les traductions de Tibulle, de Boccace & de Jean Second; enfin *les Lettres de cachet et les Prisons d'État*, vigoureuse peinture des excès de l'arbitraire. Avouons toutefois qu'arbitraire à part, au point de vue de la stricte légalité, les mœurs & la conduite de Mirabeau auraient été condamnées dans tous les temps.

Le désir de venger le grand révolutionnaire contribua peut-être au mouvement qui poussa les faubourgs sur Vincennes, le 28 février 1791, & que Lafayette eut beaucoup de peine à calmer.

La Révolution dédaigna d'abord le château de Vincennes, où les femmes de mauvaise vie furent incarcérées du 7 floréal an II jusqu'au 27 frimaire an III; mais elle en fit ensuite un arsenal. Il avait pris comme tel de l'extension, lorsque le premier consul écrit cette note, conservée au dépôt de la guerre : « Comme point de commandement, le château de Vincennes est d'une grande importance par l'étendue & la beauté de ses bâtiments. Il a d'ailleurs un degré de résistance qui le rend propre à recevoir un dépôt d'artillerie & des munitions pour le service de Paris. Le château de Vincennes ne peut avoir d'autre objet militaire que de défendre d'une insulte les établissements qu'il renferme & les dépôts qu'on peut y placer. Il a tout le degré de force que son emploi nécessite, & il suffit de bien l'entretenir. »

Le jugement & l'exécution du duc d'Enghien (21 mars 1804), la captivité des derniers ministres de Charles X, celle de Barbès, Raspail & Blanqui, sont des épisodes dans les annales du château de Vincennes, en ce sens qu'à partir du XIXe siècle il n'est plus une prison qu'accidentellement; au contraire, comme établissement militaire, il grandit sans cesse, avec une progression qui ne s'est point arrêtée. Le général Daumesnil, qui avait eu une jambe emportée à Wagram, prend possession du gouvernement de Vincennes le 2 février 1812. La fabrication des munitions de guerre y devient alors considérable. Elle alla, suivant un historien compétent, le général Le Pays de Bourjoly, jusqu'à trois cent cinquante mille cartouches & quarante mille gargousses dans une seule journée! Les approvisionnements immenses qu'il contenait au moment de l'invasion furent conservés à la France par la fermeté de Daumesnil, qui, même après la capitulation du 30 mars, refusa de livrer aux coalisés la citadelle qui lui était confiée, & qui disait facétieusement : « Je leur rendrai ma place, quand ils me rendront ma jambe. »

Destitué par la Restauration, Daumesnil revint à son poste le 21 mars 1815, & se mit en mesure de soutenir un siége régulier. Il abattit treize hectares de bois pour faire des fascines, des gabions, des retranchements à batteries. Les registres du bois de Vincennes contiennent de nombreuses plaintes des gardes contre ces déprédations. Un garde mande à M. Levasseur, le 30 juin 1815 : « J'ai l'honneur de vous informer que M. le général Daumesnil, gouverneur du château de Vincennes, a commencé hier à faire étêter les ormes du cours Marigny, & qu'il donne le bois en payement à ceux qui y travaillent. Il fait aussi abattre toutes les parties des vieux taillis & plantations qui avoisinent le château, depuis l'allée des Minimes jusqu'à la mare de Vincennes. Je ne sais à quelle distance il a l'intention de poursuivre cet abatis, mais si les cent cinquante hommes qui y travaillent continuent ainsi pendant huit jours, ils approcheront de l'obélisque, en coupant le taillis à environ cinquante centimètres de terre. Tout le bois est sur place.

« Je pense que M. le général Daumesnil est pleinement autorisé à faire cet abatis. Cependant il ne m'a prévenu de rien, & je n'ai pas cru devoir lui faire la moindre question à cet égard, dans la persuasion où je suis qu'il vous en aura écrit. Ensuite les circonstances sont si impérieuses, qu'il serait difficile de s'opposer à cette opération, puisqu'elle paraît avoir pour but de contribuer à la défense de la place & du château de Vincennes. »

Invité par l'inspecteur à demander des explications, le

rapporteur obtient une audience du général, & écrit, le 3 juillet 1815 :

« M. le général m'a on ne peut pas plus mal reçu, & m'a dit les choses les plus désagréables. Je lui ai fait observer que je ne méritais pas qu'il me traitât ainsi; il m'a répondu en me menaçant de me faire mettre en prison, ainsi qu'il avait fait des gardes Stette & Gaignand, qui sont en ce moment détenus au château. Les propos que M. le général m'a tenus ne peuvent pas s'écrire. Je me propose de vous les dire de vive voix. Qu'il vous suffise de savoir qu'il m'a dit qu'il n'avait rien à répondre à ce que vous exigez de lui, & qu'il suivait dans cette circonstance la loi. Je pense qu'il a voulu parler des places en état de siége. »

Le retour des Bourbons mit fin à ce conflit; mais le rôle militaire de Vincennes, loin de cesser avec les grandes guerres, acquit de plus en plus d'importance. Le polygone date de 1816, la salle d'armes de 1819. Des expériences d'artillerie & de pyrotechnie furent suivies assidûment sous la pacifique domination de la branche aînée ou de la branche cadette. Deux cent quatre-vingt-onze hectares furent successivement détachés du bois pour diverses affectations militaires. En 1837 fut commencé le fort de Canonville, enceinte bastionnée d'un périmètre de quinze cents mètres, qui s'appuie sur la face orientale du château. En 1841, un puits artésien fut creusé dans le fossé, en avant du bastion nord-est. La création du tir national français, dont les cibles sont à la disposition des amateurs, de la garde nationale & de l'armée, est encore venue ajouter à la physionomie martiale du château & des parties du bois qui l'environnent. Aussi, par intervalles, l'étranger qui hante ces parages pourrait se croire au milieu d'une armée. Tantôt le canon gronde; les balles sifflent; les boulets ricochent sur la terre qu'ils labourent; les obus décrivent leurs ellipses dans l'air; les bombes éclatent; les grenades sèment la dévastation sur de larges espaces, les bataillons défilent au son du tambour; les tirailleurs, obéissant à la voix du clairon, se déploient au pas de course & enserrent la plaine dans une ligne de feu; les escadrons passent comme l'ouragan; & les batteries, traînées au triple galop de leurs coursiers enivrés par le bruit, font trembler la terre. Tantôt les soldats au repos flânent autour des tentes, devisent de leurs campagnes ou de leurs amours, ou se livrent à ces jeux de camp & de garnison, dont celui du *chat & du rat* est le singulier prototype.

Un piquet est planté en terre, après lequel deux cordes, longues de plusieurs mètres, sont fixées, l'une dépassant l'autre d'environ cinquante centimètres. A l'extrémité de ces cordes prennent place deux gaillards, dont les yeux sont bandés à l'aide de mouchoirs.

L'un tient une planchette garnie de crans sur laquelle il frotte avec un petit bâton, en imitation du bruit des dents du rongeur : c'est le rat.

L'autre est aux écoutes; il tient à la main un tampon pour dauber sur le rat, s'il peut le rejoindre : c'est le chat.

Le rat frotte sa planchette; puis, dans la pensée de prendre par les pieds & de renverser le chat qui va être attiré par le bruit révélateur, il se baisse & tend près de terre sa corde qui est la plus longue. Si le chat donne dans le piége, il est renversé ou bien enlacé dans une série de tours de cordes que le rat s'empresse de faire & il est entraîné par son ennemi, non sans se débattre & sans lui appliquer force coups de tampon. Parfois les deux antagonistes roulent ensemble à terre, se culbutent, s'enlacent & se livrent à une gymnastique désordonnée, au grand contentement des spectateurs dont les cris de joie & les éclats de rire reten-

LE JEU DU CHAT ET DU RAT

AU CAMP DE St MAUR

occupé par le Bataillon des Chasseurs de la Garde Impériale

Bois de Vincennes *Ildefonse Rousset Phot.*

tissent au loin. On conçoit quelle variété d'incidents peut surgir de cette lutte de deux hommes lestes, agiles & aveuglés. Les roueries du chat ne le cèdent en rien aux malices du rat, qui vient parfois se mettre dans la gueule de son ennemi, en faisant résonner sa crecelle juste à son oreille. Rien n'est curieux & captivant comme la marche à pas de loup de ces deux hommes qui se rapprochent, en croyant s'éloigner & qui vont butter l'un contre l'autre au moment où ils se supposent séparés par une grande distance. De ce choc inattendu surgit toujours quelque curieuse péripétie. Aussi ce spectacle est-il toujours très-couru et offre-t-il un émouvant passe-temps aux troupes qui viennent, les unes après les autres, occuper le camp de Saint-Maur, établi chaque été sur les terrains de la ferme impériale, non loin du plateau de Gravelle.

CHAPITRE VIII.

Le lac de Saint-Mandé. — La rivière Aimable. — La rivière de la Pompadour. — Cochonnet-club. — L'Asile impérial. — La brasserie. — Le lac de Charenton. — Le temple & les grottes de Diane. — Conclusion.

En sortant du fort pour achever nos pérégrinations, nous entrons dans la portion du bois qui s'étend de Vincennes à Saint-Mandé, puis de Saint-Mandé à Charenton & à Gravelle.

Nous arrivons au bord du lac charmant de Saint-Mandé, jusqu'aux eaux duquel descendent des tapis de verdure. Les chênes, les bouleaux, les sycomores, les platanes, confondant leur feuillage, s'arrondissent en voûte au-dessus de sentiers onduleux. L'île centrale est couverte de hauts peupliers & bordée de saules pleureurs. Au loin, derrière un majestueux rideau d'ombrage, s'élève nettement sur l'horizon l'historique donjon de Vincennes.

Il y eut là jadis un étang qu'alimentait les eaux du ru de Montreuil. Philippe le Hardi y avait fait conduire d'autres sources amenées à grands frais de Charonne & de Bagnolet, lorsqu'en 1274 il épousa à Vincennes Marie de Brabant. Voulant, en même temps, étendre le bois à l'ouest, il y annexa des terrains qu'il fit entourer de murailles, & dont il refoula plus loin les colons, moyennant préalable indemnité. Celle que reçut le proviseur de la Maison-Dieu de Charenton, pour quatre arpents de terre, monta à dix livres parisis : deux livres & demie l'arpent.

Le lac de Saint-Mandé occupe une superficie de deux hectares; il n'est plus alimenté par le ru de Montreuil, qui ne s'y déversait qu'après un parcours très-long & préjudiciable à la pureté de ses eaux. Une voie souterraine conduit maintenant jusqu'aux grands collecteurs de Paris le ru de Montreuil.

Maintes fois j'ai fait le tour de cette pièce d'eau si heureusement encadrée. De riantes habitations, séparées du bois par des grilles, bordent, du côté du couchant, l'avenue qui longe le lac & qui porte encore le nom de Chaussée de l'Étang, en souvenir de celui qui datait de 1274.

Une circonstance qui est pour moi énigmatique, c'est que j'ai invariablement rencontré, dans le bois & particulièrement dans ces parages, des religieux & des Frères ignorantins; ils vont par bandes, deux par deux comme des pensionnaires, les yeux baissés, la figure recueillie. On dirait qu'ils accomplissent une pénitence. D'où viennent ces religieux? Il m'a été impossible de le savoir. L'un d'eux, auquel je me suis permis de

LAC DE S^{T} MANDÉ

Le Bois de Vincennes — *Ildefonse Rousset. Photo*

RIVIÈRE DE LA POMPADOUR

Bois de Vincennes — *Ildefonse Rousset Photo*

demander un renseignement, s'est contenté de me répondre : « Nous ne sommes pas d'ici. »

En remontant les rivières qui alimentent le lac, on entre dans une partie du bois excessivement pittoresque. Les cascades succèdent aux cascades, au milieu d'un labyrinthe de verdure que l'eau reflète en sautillant sur les roches, en contournant les îlots & les touffes de joncs, en vivifiant le velours vert des gazons. La lumière, arrêtée par des massifs impénétrables, semble se concentrer dans les clairières pour mieux en faire ressortir les beautés.

Plus on s'avance dans cette région, plus les surprises s'accroissent. Après la rivière de Saint-Mandé, on trouve la rivière de la Pompadour, dont les bords enchantés conduisent à la rivière Aimable.

Elles rejoignent ensemble le lac de Gravelle, où elles prennent naissance.

Ainsi, du plateau de Gravelle à Saint-Mandé, de Saint-Mandé au plateau, que l'on vienne d'aval ou d'amont, la promenade est abritée par de magnifiques ombrages, rafraîchie par des eaux limpides et charmée par des tableaux toujours nouveaux.

Mais quel est ce bruit? quelles sont ces clameurs qui troublent tout à coup le calme des solitudes? Nous arrivons près d'une allée disposée pour le jeu de boule, qui, proscrit des Champs-Élysées, & même de l'allée de l'Observatoire, s'est réfugié, au sud, derrière le cimetière de Montparnasse, au nord-est, dans le bois de Vincennes.

Nous interrogeons un petit vieillard aux yeux vifs, aux membres encore agiles.

« Messieurs, nous dit-il, vous êtes peut-être membres du cricket-club du bois de Boulogne; mais il a son émule dans le cochonnet-club de notre bois, grâce aux soins intelligents de M. le conservateur, qui a fait disposer des jeux de boule à l'abri des feux trop ardents du soleil d'été & des bourrasques de l'hiver.

« Il ne faut pourtant pas se dissimuler qu'il reste encore beaucoup à faire. Le nombre des bancs latéraux ne correspond pas à la foule toujours croissante des amateurs du cochonnet. Les joueurs ne peuvent déployer toute leur adresse sur un terrain dont le milieu forme gouttière & qu'on égaliserait pourtant sans peine en y jetant quelques mètres de sable. Ce qui manque principalement, c'est un abri contre les averses inattendues.

— Vous attachez donc, dis-je au petit vieillard, une grande importance au jeu de boule?

— En peut-il être autrement? Regardez ces joueurs; ce sont tous des invalides du travail, des vétérans du commerce & de l'industrie. A force d'économie, ils ont amassé une fortune médiocre, & l'oisiveté les tuerait bien vite sans la gymnastique salutaire que leur offre le jeu de boule. Leurs membres engourdis s'y déroidissent, leur sang coule plus rapide dans leurs veines; leur vitalité s'augmente en même temps qu'ils voient disparaître comme par enchantement les douleurs inséparables de la décadence.

« Ici, en effet, les vieillards sont jeunes, les rhumatisans oublient leurs douleurs; je dirais presque, les aveugles y voient clair.

« Le jeu de boule, voyez-vous, c'est la fontaine de Jouvence; c'est l'effet de la société, de l'exercice & de la distraction.

« Lorsqu'on descend dans l'arène, l'égalité commence. Plus de riches, plus de pauvres, car il suffit d'avoir, comme le Juif errant, cinq sous dans sa poche, pour être à l'abri de toute éventualité. On cite comme un fait inouï que les mêmes

RIVIÈRE AIMABLE

VUE PRISE DU CARREFOUR DU HOURVARI

Bois de Vincennes

joueurs aient perdu six parties de suite, & l'on en parlera sous le chaume bien longtemps.

— Auriez-vous la complaisance, monsieur, de nous donner quelques détails sur ce jeu qui vous inspire tant d'enthousiasme ?

— Le premier moment de la partie offre déjà de l'intérêt; la petite boule appelée cochonnet est le but, & c'est elle que l'on lance tout d'abord.

« Les deux pointeurs réputés les plus adroits débutent.

« Le plus près du cochonnet choisit un homme, le second un autre, & ainsi de suite jusqu'à ce que les deux camps soient complétés. On peut être de trois à quatre de chaque côté. La lutte s'engage alors; & bien qu'on ne joue que cinq centimes en dix points, on y apporte autant d'attention & d'ardeur que si l'enjeu était de vingt francs. L'amour-propre des rivaux & l'honneur du pavillon ne sont-ils pas en jeu?

« Mais le moment le plus passionné de la partie, c'est celui de la *pige;* il faut y avoir assisté pour s'en faire une idée : on mesure la distance des boules; la plus rapprochée du cochonnet gagne; on ne céde qu'à un millimètre près. Il est arrivé à des joueurs qui avaient engagé une partie trop tard d'aller acheter des chandelles plutôt que d'abandonner leur partie & de compromettre leur honneur. C'était le jeu de boule aux flambeaux.

« Le cochonnet, voyez-vous, est un jeu sans pareil. Il a en outre l'avantage de confondre les rangs & de niveler les positions. L'on voit côte à côte parmi ses adeptes l'ancien magistrat & le commerçant retiré, l'homme de robe & le modeste épicier. C'est un spectacle bien fait pour exercer la sagacité de l'observateur & du philosophe. Plus d'un écrivain est venu s'inspirer près de nous, & le grand Gavarni lui-même nous doit bon nombre de ses immortels types. »

Après avoir reçu ces renseignements, nous continuâmes l'allée, & bientôt nous fûmes en face de vastes bâtiments d'une architecture simple & grandiose, reliés entre eux par des portiques. Des jardins & des pelouses les environnent. Plusieurs ouvriers coiffés de calottes uniformes & revêtus de paletots de molleton bleu se promenaient en plein soleil, sans avoir l'air d'en redouter l'ardeur; d'autres descendaient d'un élégant & commode omnibus.

Nous étions à l'Asile impérial de Vincennes.

Soustraire les convalescents à l'atmosphère de l'hôpital, les mettre dans d'excellentes conditions hygiéniques, à la campagne, au milieu des fleurs, tel fut le but du décret du 8 mars 1855, qui créa l'Asile impérial.

Pouvait-on le placer mieux qu'à l'extrémité sud-est du bois de Vincennes, au-dessus des brumes de la Marne & de la Seine, sur un sol sablonneux & perméable, à proximité de promenades enchanteresses?

L'établissement est admirablement tenu. Réfectoires, dortoirs, salles de récréation, lingerie, infirmerie, pharmacie, buanderie, salles d'hydrothérapie, sont commodes & spacieux. Les convalescents trouvent, dans les salles de jeu, des dominos, des dames, des jeux de loto, d'oie, de chemin de fer. Le soir, les convalescents amateurs peuvent organiser des concerts ou des représentations dramatiques dans une jolie salle de spectacle.

Et ce n'est pas tout. M. Domergue, le prédécesseur de M. Reboul-Denérol, qui administre en ce moment l'Asile, comprit que la meilleure distraction pour des gens habitués au travail & condamnés à une inaction provisoire consistait dans d'utiles & agréables lectures. Il fit appel aux libraires

ASILE IMPÉRIAL

Bois de Vincennes — *Ildefonse Rousset Photo*

RIVIÈRE AIMABLE

(PARTIE COUVERTE)

Bois de Vincennes

Ildefonse Rousset Photo

de Paris, &, grâce à leur concours empressé, il forma une bibliothèque de quatre mille volumes.

Rien ne manque donc aux hôtes de l'Asile, qui se recrutent dans six catégories :

Les individus qui ont été traités dans les hôpitaux de Paris & de la banlieue;

Ceux qui, secourus à domicile, sont envoyés par les bureaux de bienfaisance de Paris;

Les ouvriers blessés ou atteints de maladies en travaillant sur un chantier public;

Les membres participants des sociétés de secours mutuels;

Les ouvriers appartenant à un atelier ou à une usine dont le patron a contracté un abonnement avec l'administration de l'Asile;

Les ouvriers qui prouveront qu'ils n'ont pas le moyen de se faire donner chez eux des soins de convalescence.

Depuis l'inauguration de l'Asile, le 30 août 1857, jusqu'au 11 septembre 1865, il a été reçu 54,836 convalescents, qui, sauf de rares exceptions, sont sortis guéris. Sur 1,000 convalescents admis, 990 recouvrent complétement la santé, 6 sont renvoyés dans les hôpitaux ou remis à leur famille comme atteints de maladies chroniques; 4 seulement succombent.

Le receveur-économe de l'Asile, M. Porriquet de Maisonneuve, nous a en montré avec une gracieuseté extrême tous les détails.

Puis la voiture héliographique roule de nouveau dans les allées ombreuses du bois. Elle suit encore une fois les méandres de la rivière Aimable, dont nous admirons particulièrement un bras entièrement couvert par des branchages de chêne réunis en forme de berceau. Au bout de cette rivière se trouve la caserne des gardes. C'est une ancienne brasserie, dont les caves immenses sont taillées dans des carrières dont les parois méritent l'examen des géologues, car elles renferment une foule d'ammonites, d'ossements fossiles & d'arbres pétrifiés. Les vagues gigantesques d'un déluge ont battu ce promontoire & y ont jeté pêle-mêle les débris d'animaux & de végétaux que, dans leurs volutes immenses, ils rapportèrent des régions tropicales.

Derrière la brasserie, nous remarquons un clair bassin.

« Voilà, dit Rousset à Gabriel, où l'on fabrique les poissons. »

Gabriel descend de voiture, se penche pour observer, & aperçoit des milliers de petits poissons qui frétillent.

« Il m'en faudrait pas mal pour faire une friture, dit-il dédaigneusement.

— Comment! parmi les onze cents qui ont été mis ici après leur éclosion obtenue, au printemps dernier, dans les appareils que possède l'administration du bois, on en a trouvé, le 12 octobre 1865, à sept mois d'âge, du poids de 122 grammes & de la taille de 22 centimètres; d'autres avaient 12 & 15 centimètres de long & pesaient de 50 à 60 grammes.

— Savoir s'ils vivront?

— Ils vivent à merveille, on en a déjà lancé quatorze mille dans les lacs & ruisseaux du bois.

— Bonne affaire pour les canards!

— Les perches, vos perches de la Marne, en dévorent bien plus. Cependant, il en reste. L'incubation des œufs de saumon, truite & ombre-chevalier, donne des produits de plus en plus satisfaisants; & un de ces jours, nous vous ferons goûter du saumon né & élevé à Vincennes.

— Je n'en mangerai jamais, » dit Gabriel d'un ton ferme.

Et, avec la superbe d'un Romain, il remonte en voiture

GROTTES ET TEMPLE DE DIANE

LAC DE CHARENTON

Bois de Vincennes — *Ildefonse Rousset Photo.*

pour nous guider vers le lac de Charenton, où nous allons finir notre voyage.

Singulière création que celle de ce dernier lac! tout y était à faire, la pièce d'eau & le bois. La ville était autorisée à étendre les frontières de la grande promenade publique jusqu'à la route impériale de Paris à Charenton. Au delà des limites de l'enceinte de 1731 s'étendait une plaine cultivée en céréales, en betteraves & potirons; les arbres étaient aussi rares que dans les plaines de la Beauce, où passa, suivant Rabelais, la jument de Gargantua. Des chariots y ont transporté, avec leurs branches & leurs racines, un assortiment d'arbres d'essences à feuilles caduques ou à feuilles résistantes. Sous des pavillons rustiques ont été disposés des bancs d'où le promeneur assis peut contempler un beau lac de onze hectares. Au centre, sur une roche escarpée, se dresse la blanche colonnade d'un temple surmonté d'un dôme blanc. Un escalier, taillé extérieurement dans le roc, conduit à des grottes mystérieuses dont l'aspect est saisissant. Sur le fond noir des sombres cavités se détachent des piliers blancs qui semblent formés goutte à goutte par les suintements de la pierre, & des grappes de stalactites de dimensions inégales indiquent le travail de création qui se poursuit incessamment. Au fond de la grotte une source, qui s'est frayé une issue au travers de la voûte, tombe en pluie de diamants & chacune de ses gouttes chante joyeusement en rejaillissant sur le limpide ruisseau formé par ces infiltrations qui s'étale avec une sorte de volupté sur un lit de sable blanc & fin.

Ce sont les grottes & le temple de Diane.

Dans une autre île sont installés des orchestres, des fantoccini, des jeux divers & des pâtisseries, des confiseries avec accompagnement de limonadiers, de glaciers, etc.; c'est le pays de Cocagne!

Des ponts de construction élégante réunissent ces diverses îles & les font communiquer avec la terre ferme. Plusieurs centaines de canards sont à demeure sur le lac, tour à tour flottille ou volée, sans cesse à la rencontre des visiteurs, qui ont toujours quelques substances comestibles à leur jeter; s'ils en manquaient, ils pourraient avoir recours à des boutiques ambulantes chargées de petits pains spéciaux, & portant cette inscription : « Pain pour les canards. »

Gabriel put un moment se garantir de sa nostalgie en guidant sur le lac de Charenton, non plus *l'Hélioscaphe*, mais une des embarcations élégantes qui, moyennant rétribution, sont à la disposition des amateurs.

La vue qu'on embrasse du plateau de Gravelle relie le bois de Vincennes à vingt localités diverses.

La vue dont on jouit des bords du lac de Charenton le rattache aux pittoresques hauteurs qui font du côté du nord-est la ceinture de Paris. Là-bas sont les flèches élégantes de l'église de Belleville; Charonne, d'où Louis XIV & Mazarin suivaient, pendant les troubles de la Fronde, la lutte de Turenne & de Condé; Bagnolet, dont le château était la demeure du régent Philippe d'Orléans; Ménilmontant, dans les réservoirs duquel les turbines de Gravelle apportent chaque jour leur tribut liquide.

D'élégantes constructions s'élèvent sur la lisière du bois, dont elles semblent faire partie & dont elles complètent la décoration. Elles ne sont en effet séparées des grandes avenues qui entourent le bois que par des grilles qui leur laissent, avec la vue de ses merveilles, accès à toute heure de jour & de nuit dans cette promenade sans pareille. Ce sont des propriétés privilégiées. Leurs heureux possesseurs n'ont-ils pas de cette façon un parc tel qu'aucun potentat n'en possède, parc toujours admirablement entretenu &

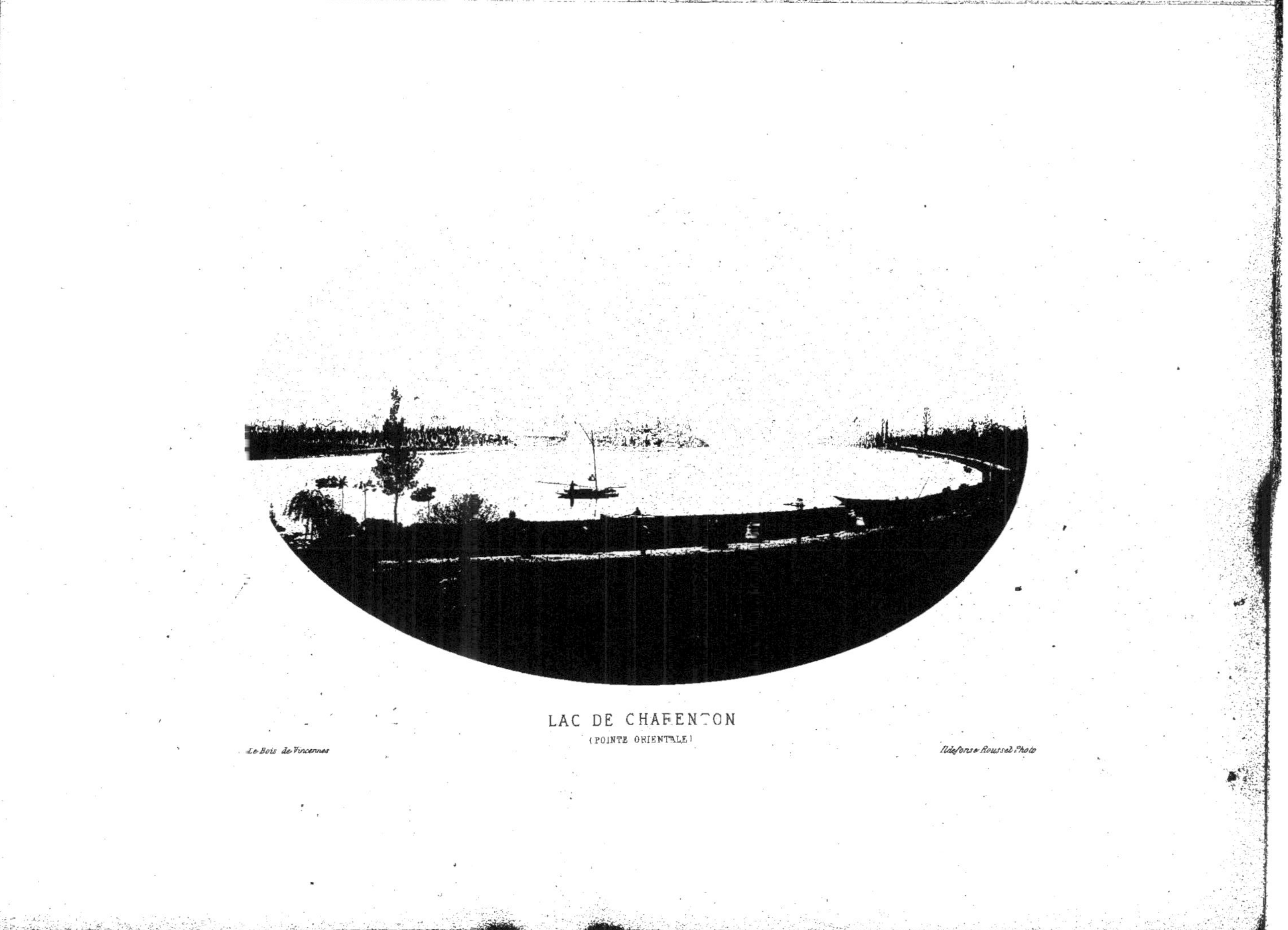

LAC DE CHARENTON

(POINTE ORIENTALE)

Le Bois de Vincennes

Ildefonse Rousset Photo

desservi par une armée de travailleurs, de jardiniers, d'arroseurs, qui ne leur laissent pas un souhait à former, pas un désir à émettre.

Honneur à ceux qui ont accompli les merveilleuses métamorphoses du bois de Vincennes, tracé les méandres des sentiers, dessiné les rivières, ménagé artistement les cascades! Honneur à l'ingénieur en chef Alphand; au conservateur du bois, M. Le Paute; à M. Barillet-Deschamps, jardinier en chef de la ville de Paris; à MM. Darcel, ingénieur, Davioud & Hugé, architectes! Il faudrait que le passant pût toujours se rappeler leurs noms, savoir à quelle date leur œuvre fut accomplie, leur adresser un hommage, & un pendant monumental serait nécessaire à la pyramide de 1731.

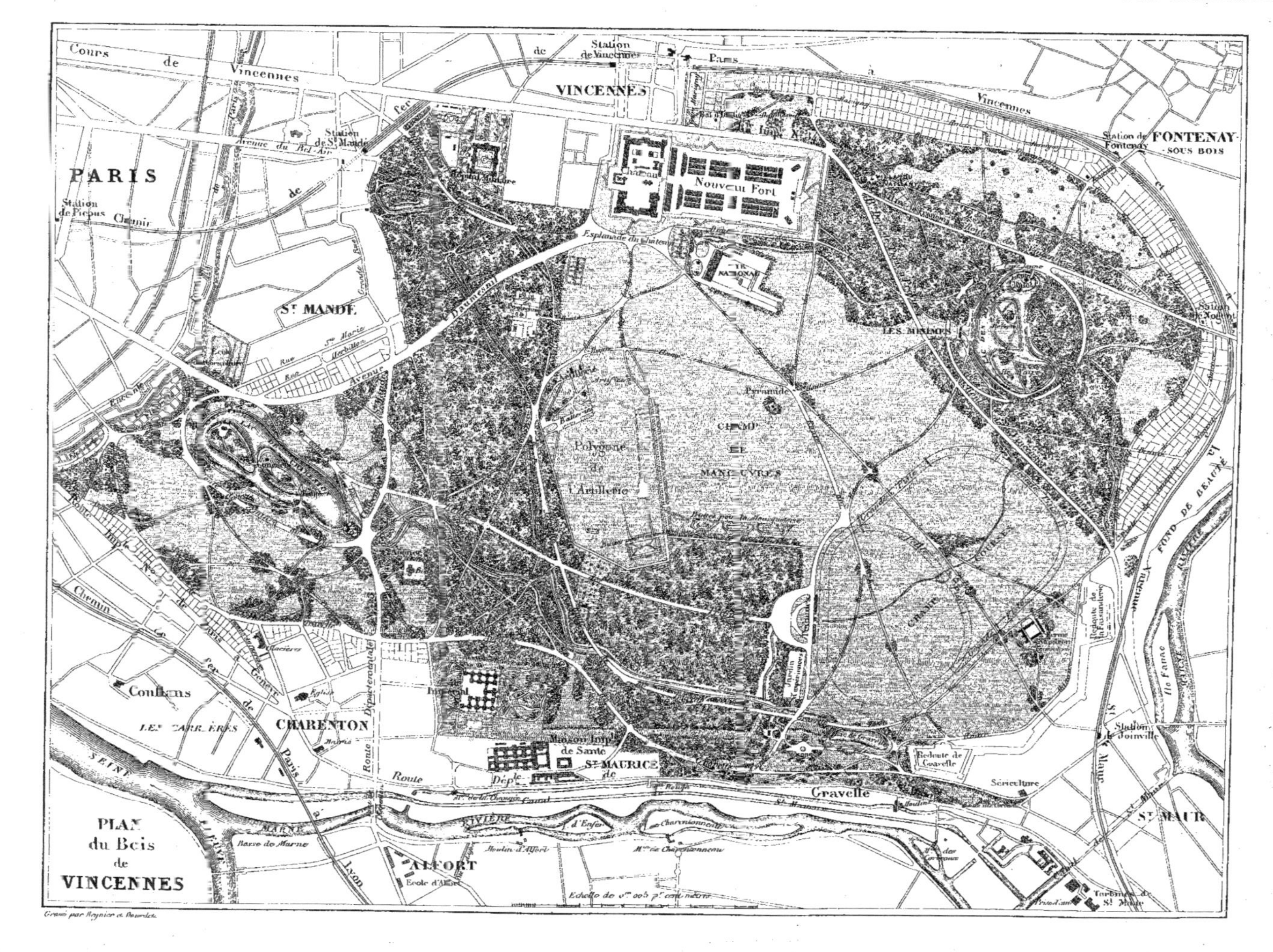
PLAN
du Bois
de
VINCENNES
PARIS
VINCENNES
FONTENAY-SOUS BOIS
St MANDÉ
CHARENTON
St MAURICE
St MAUR
ALFORT
Coulans
Nouveau Fort
Château
Esplanade du Château
LES MINIMES
Pyramide
CHAMP DE MANŒUVRES
Polygone de l'Artillerie
Maison Impale de Santé
Redoute de Gravelle
Gravelle
Sériculture
Station de Vincennes
Station de St Mandé
Station de Picpus
Station de Fontenay
Station de Joinville
Cours de Vincennes
Route Départementale
SEINE
MARNE
Ile Fanac
Gravé par Reynier et Dumolet

TABLES.

TABLE DES MATIÈRES.

TABLE DES PHOTOGRAPHIES.

NOTA. — Une série de photographies additionnelles pour le *Bois de Vincennes* se trouve à la LIBRAIRIE INTERNATIONALE.

PARIS. — J. CLAYE, IMPRIMEUR, RUE SAINT-BENOIT, 7.

PUBLICATIONS D'ILDEFONSE ROUSSET
EN VENTE A LA LIBRAIRIE INTERNATIONALE
15, boulevard Montmartre, 15

ÉTUDES PHOTOGRAPHIQUES

PAR

ILDEFONSE ROUSSET

Renseignements pour les Artistes. — Modèles pour les Amateurs de dessins

PAYSAGES — SUJETS — PLANTES — FLEURS — ÉTUDES DE NEIGE
EFFETS DE SOLEIL NUAGES, ETC.

AVEC INTRODUCTION ET NOTES

PAR

LOUIS JOURDAN

UN MAGNIFIQUE VOLUME IN-4°, CONTENANT 40 PHOTOGRAPHIES
Prix du volume, relié et doré. . . . . 75 fr

LA SECONDE SÉRIE

DES

ÉTUDES PHOTOGRAPHIQUES

PARAÎT PAR LIVRAISONS DE QUATRE PLANCHES
PUBLIÉES DE CINQ EN CINQ SEMAINES

10 LIVRAISONS PAR AN — 6 FRANCS LA LIVRAISON
Abonnement pour la seconde série. . . . . 60 fr.

ALBUMS RELIÉS

CONTENANT 10, 15, 20 ET 25 PHOTOGRAPHIES
DE 20 A 45 FRANCS

LE

BOIS DE VINCENNES

DÉCRIT ET PHOTOGRAPHIÉ

PAR

ÉMILE DE LA BÉDOLLIÈRE

ET

ILDEFONSE ROUSSET

UN VOLUME IN-4°, IMPRIMÉ PAR J. CLAYE, SUR VÉLIN, DES PAPETERIES DU MARAIS ET DE SAINTE-MARIE

ORNÉ DE 25 MAGNIFIQUES PHOTOGRAPHIES

ET D'UN PLAN DU BOIS DE VINCENNES

Prix, broché, 33 fr.; relié et doré, avec une plaque spéciale, 40 fr.

LE TOUR DE MARNE

DÉCRIT ET PHOTOGRAPHIÉ

PAR

EMILE DE LA BÉDOLLIÈRE

ET

ILDEFONSE ROUSSET

UN VOLUME IN-4°, IMPRIMÉ PAR J. CLAYE, SUR VÉLIN, DES PAPETERIES DU MARAIS ET DE SAINTE-MARIE

ORNÉ DE 30 MAGNIFIQUES PHOTOGRAPHIES

ET D'UN PLAN TOPOGRAPHIQUE DU TOUR DE MARNE

Prix, relié et doré, avec une plaque spéciale, 42 francs.

LE TOUR DE MARNE

DÉCRIT ET PHOTOGRAPHIÉ

PAR

EMILE DE LA BÉDOLLIERE

ET

ILDEFONSE ROUSSET

UN VOLUME IN-18, IMPRIMÉ PAR J. CLAYE

ORNÉ DE 10 PHOTOGRAPHIES ET D'UN PLAN DU TOUR DE MARNE

PRIX, BROCHÉ, 8 FRANCS; RELIÉ, 10 FRANCS

Les photographies contenues dans ces volumes, ainsi qu'une série de photographies complémentaires, se vendent séparément :

Celles in-4°. . . . 1 fr. 50 c. — Celles in-18. . . . 75 c.

PARIS. — J. CLAYE, IMPRIMEUR, RUE SAINT-BENOIT, 7.

www.ingramcontent.com/pod-product-compliance
Ingram Content Group UK Ltd.
Pitfield, Milton Keynes, MK11 3LW, UK
UKHW020247250726
13967UKWH00004B/1551